Manon Sander

Kochen und Backen
mit Kindern

Kochen und Backen mit Kindern

Manon Sander

Kochen und Backen mit Kindern

Alles, was Kinder gerne essen
und über Ernährung wissen sollten

1. Auflage 2014
© Oberstebrink by Körner Medien UG, München
Alle Rechte vorbehalten

Titelfoto: gyso4ka/Fotolia.com
Fotos: thinkstockphotos.de, fotolia.com, Anja Lusch, Körner Medien UG;
     Verzeichnis s. S. 277
Umschlaggestaltung: Patricia Fuchs, AVR, München
Satz und Layout: Alfons Schmid, ISM, München
Redaktion Text und Bild: Tobias Schudok, Körner Medien UG
Herstellung: Publikum, Belgrad

Verlag: Oberstebrink
         c/o Körner Medien UG
         Braunaugenstr. 20, 80939 München
         Tel. 089/33095656, Fax 089/33095473
         info@koerner-medien.de
         www.oberstebrink.de

ISBN: 978-3-934333-48-2

Inhaltsverzeichnis

Vorwort 9
Vorbereitungen 10
Hände waschen 10
Arbeitsfläche 10
Aufräumen 10
Gemüse und Obst 10
Probieren 11
Tisch decken und genießen 11
Anleitung für Kochschürzen 12
Anleitung für Kochmützen 13

Warme Speisen 15
    Gemüsesuppe 16
    Popcorn 22
    Kürbissuppe 28
    Vier freche Monster 36
    Spaghetti mit Tomatensauce 44
    Reistopf 52
    Nudeln nach asiatischer Art 58
    Maiskolben 64
    Yayla – türkische Reissuppe mit Joghurt ... 70

Milchreis 74
Hackkartoffeln 80
Pirateninseln 86

Kalte Speisen 93
Karottendip 94
Viele bunte Schiffchen 100
Milchshake für eine Person..... 106
Bunte Brotspieße 112
Möhren-Rohkost................ 116
Sommerobstsalat............... 120
Sauerkirschsaft................. 126
Rohkostsalat.................... 132
Kürbis-Chutney 138
Kressebrote..................... 144

Herzhaft überbacken 151
Knäckebrotpizza 152
Kartoffelauflauf 158
Lagerfeuerbrote 164
Käseauflauf mit Tomatensalat 170

Frischkäse-Schinken-Hörnchen 176
Kartoffel-Blumenkohlauflauf 180
Kartoffelplätzchen an Kräuterquark........................186
Gemüse-Pfannkuchen 192
Bratwurst im Teig 198
Salz-Käsestangen 204
Dreikornbrot..210

Süßes aus dem Ofen 215

Bratäpfel..................... 216
Honiglebkuchen.............. 220
Eischwerkuchen 226
Weihnachtsschnitten 232
Schokoladenplätzchen....... 238
Kartoffelwaffeln.............. 244
Möhrenwaffeln 246
Birnen-Quarkauflauf 250
Armenisches Gebäck aus der Pfanne 256
Heidelbeerkuchen 260
Obst-Schüttelkuchen 266
Vollkorn-Kokos-Pfannkuchen..............................272

Kochen und Backen mit Kindern

Vorwort

Kinder lernen durch Nachahmen, Kinder lernen durch Mitmachen und besonders das Kochen ist ein Vergnügen, bei dem Kinder immer gern mithelfen. Oft fehlt die Zeit, es ist hektisch und ohne die kleinen Fingerchen geht es manchmal schneller und einfacher. Trotzdem oder auch gerade deshalb sollte es einen Tag in der Woche geben, an dem Kinder und Eltern miteinander Kochen.

Wählen Sie einen ganz bestimmten Tag, planen Sie den Einkauf gemeinsam und zeigen Sie den Kindern, worauf Sie beim Kauf der Lebensmittel achten. Wann spielt der Preis eine Rolle und bei welchen Lebensmitteln achten Sie eher auf die Qualität? Wo kaufen Sie Obst und Gemüse und was noch viel wichtiger ist, wo kommt es eigentlich her?

Machen Sie einen Geschmackstest mit Tomaten, bei denen die Unterschiede zwischen sehr wässrigen und aromatischen besonders hoch sind. Fragen Sie die Kinder aber auch nach ihren eigenen Vorlieben und ermuntern Sie sie, Kleinigkeiten zu probieren, um die sie bisher immer einen großen Bogen gemacht haben.

Auf diese Art und Weise gelingt es Ihnen vielleicht, die Neugier der Kinder zu wecken und sie an verschiedene Lebensmittel heranzuführen. Es muss nicht alles schmecken, es muss auch nicht alles aufgegessen werden, was nicht schmeckt – aber probieren kann man.

In diesem Buch sind viele Gerichte zusammengestellt, die Sie ganz einfach gemeinsam mit den Kindern kochen können. Mit ein wenig Übung können die Kinder nach und nach mehr Aufgaben übernehmen.

Anhand der Illustrationen können Sie den Kindern erklären, dass das Kochen immer in aufeinander aufbauenden Schritten geschieht.

Erklären Sie den Kindern auch, wo Gefahren lauern, etwa bei der heißen Herdplatte oder an der scharfen Seite des Messers. Kinder verstehen das. Lassen Sie sie nicht allein, aber trauen Sie ihnen etwas zu.

Vorbereitungen

Hände waschen:

Beim Kochen sollten Sie Ihren Kindern ein paar Grundregeln von Anfang an vermitteln. Wer kochen möchte, der muss sich die Hände waschen. Wir fassen täglich so viele Dinge an, die wir nicht in den Mund stecken würden – warum sollten wir damit unser Essen berühren?

Arbeitsfläche:

Wir haben das Rezept ausgewählt und alle Zutaten sind eingekauft. Nun werden sie zurechtgelegt. Eigentlich nutzen wir dazu die Arbeitsplatte. Für Kinder kann die Arbeitsplatte aber ein Problem darstellen, denn sie ist oftmals zu hoch. Daher ist ein Tisch viel besser geeignet. Hier können die Kinder sitzen und haben viel besser die Möglichkeit in das Geschehen einzugreifen. Solange nicht am Herd gearbeitet werden muss, ist der Tisch die bessere Arbeitsfläche.

Aufräumen:

Wir können die ganzen Aufräumarbeiten natürlich auf das Ende des Kochens schieben. Besser ist es jedoch, wenn wir schon zwischendurch all die Dinge abspülen und wegräumen, die nicht mehr benötigt werden. Das geht einfacher und schneller. Außerdem kann so weniger umfallen.

Gemüse und Obst:

In den Tropen gilt der Satz: Wasch es, schäl es, koch es oder vergiss es! Eigentlich sollte dieser Satz in jeder Küche Beachtung finden. Obst und Gemüse wandern durch so viele Hände, dass es besser ist, sie vor dem Essen zu waschen. Selbst wenn sie aus dem eigenen Garten kommen, ist nicht gewährleistet, dass sie immer sauber sind.

Probieren:

Wer kocht muss probieren. Bringen Sie Ihrem Kind gleich von Anfang an bei, mit zwei Löffeln zu probieren. Den einen Löffel tauchen Sie in die Speise, dann tropfen Sie damit auf den anderen. So benutzen Sie nicht den schon abgeschleckten Löffel zum Umrühren.

Tisch decken und genießen:

Wer sich Mühe gibt beim Kochen, der soll auch das Essen genießen dürfen. Decken Sie den Tisch schön mit Servietten und nehmen Sie sich genug Zeit für die Mahlzeit. So wird auch das Essen zu einem Erlebnis.

Anleitung für Kochschürzen

Diese Schürzen sind ganz einfach und vor allem für Menschen gedacht, die nicht oft nähen und daher schnell zu einem Ergebnis kommen möchten. Basteln Sie eine solche Schürze gemeinsam mit den Kindern. Das macht Spaß und stimmt auf die gemeinsame Unternehmung Kochen ein.

Sie brauchen nur ein schickes Küchenhandtuch, einfarbig oder bunt, ganz wie Sie wollen. Dieses wird vorher einmal gewaschen und dann können Sie gleich anfangen.

Legen Sie das Handtuch im Hochformat auf den Tisch. Die oberen beiden Ecken werden halbkreisförmig herausgeschnitten.

Nähen Sie die herausgeschnittenen Teile an der kurzen geraden Seite zusammen und Sie erhalten eine Tasche, die Sie nur noch entlang der halbrunden Seite aufnähen müssen. Wenn Sie unterschiedliche Handtücher verwenden, können Sie die Taschen und Schürzen untereinander mischen.

Oben wird ein Band für den Hals befestigt und in der Taille ein weiteres zum Zubinden.

Die entstandenen Schnittkanten können sie schnell mit der Maschine im Zickzackstich einfassen, damit sie nicht ausfransen.

Und schon sind die Schürzen fertig!

Anleitung für Kochmützen

Ein richtiger Koch hat nicht nur eine Schürze sondern auch eine Mütze. Die Mütze ist noch viel wichtiger, denn die verhindert, dass Haare in das Essen hineinfallen. So eine Mütze ist ganz einfach und schnell herzustellen.

Gebraucht wird:

ein Streifen aus Tonpapier, etwa fünf cm länger als der Kopfumfang und fünf cm hoch
ein Stück Krepppapier, so lang wie der Tonpapierstreifen und 20 cm hoch
Tacker
Klebeband
Flüssigkleber

Kleben Sie das Krepppapier so zusammen, dass die beiden 20 Zentimeter langen Seiten bis zu einer Höhe von 15 Zentimetern verbunden sind. Die beiden Seiten sollten sich dabei um zwei cm überlappen. Das obere Ende, dort wo die Mütze nicht zusammengeklebt wurde, drehen Sie ein wenig zusammen und fixieren es dann mit dem Klebeband. Danach ziehen Sie die Mütze auf links.

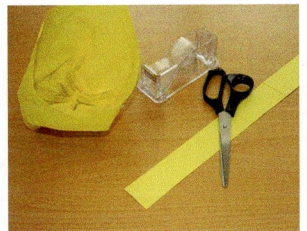

Nun kleben Sie den Papprand unten in die Mütze hinein. Dabei steht der Rand ungefähr drei Zentimeter über. Knicken Sie ihn nach außen und kleben Sie ihn von außen auch auf die Mütze.

Nun tackern Sie den Rand noch fest, damit die Mütze länger hält! Richtige Kochmützen sind meistens weiß – aber es spricht nichts dagegen die Mütze in der Lieblingsfarbe des kleinen Kochs oder der kleinen Köchin zu gestalten.

Warme Speisen

Gemüsesuppe für vier Suppenkasper

Zutaten: 1 Liter Wasser
2 Würfel Gemüsebrühe
1 Prise Salz
buntes Gemüse, z. B. Broccoli, Blumenkohl, Lauch, Kartoffeln, Paprika, Kürbis, Zwiebeln, Rosenkohl, Bohnen, Möhren, Kohlrabi
frische Kräuter: z. B. Petersilie, Schnittlauch, Majoran, Estragon

Materialien: Messer, Schneidbrettchen, Kartoffelschäler, Topf, Löffel

Zubereitung:

Wasser mit Brühwürfeln und einer Prise Salz zum Kochen bringen.

Gemüse waschen, putzen, schälen und in kleine Würfel schneiden.

Zunächst die harten Gemüsearten ins Wasser geben, die länger brauchen, bis sie gar sind, wie z. B. Kartoffeln und Blumenkohl.

Nach zehn Minuten das restliche Gemüse hinzugeben. Weitere 20 Minuten bei mittlerer Hitze unter gelegentlichem Umrühren kochen lassen.

Dann die fein gehackten Kräuter hinzugeben und noch einmal fünf bis zehn Minuten kochen lassen.

Heiß servieren; dazu passt Brot!

! Besonders beachten:

Gemüse sollten Sie besonders gründlich waschen. Gelegentlich findet man den Hinweis, dass Obst und Gemüse aus Umweltschutzgründen in einer Schale gewaschen werden können. Solange es sich nur um Verunreinigungen wie Sand und Erde handelt, ist das in Ordnung. Diese sinken dann in der Schale nach

Warme Speisen

unten. Bakterien und eventuelle Reste von Pflanzenschutz- und Düngemitteln lassen sich jedoch besser unter fließendem Wasser abwaschen.

Besonderer TIPP:

Eine Gemüsesuppe passt besonders gut in die Erntedankzeit. Lassen Sie die Kinder dazu heimisches und fremdes Gemüse mitbringen. Sie können die Suppe auch noch beliebig erweitern. Zu der Suppe passen auch Zucchini oder Erbsen gut. Allerdings sind die im Sommer reif und es kann sich bei frischen nicht um heimische handeln. Gemüse aus Konserven können Sie bedenkenlos verwenden. Oft ist es sogar vitaminreicher als „frisches". Letzteres wird unreif geerntet und reift dann während des Transportes nach. Dabei werden viele Vitamine und Mineralstoffe erst gar nicht gebildet. Gemüse aus der Dose wurde in der Regel reif geerntet und dann direkt verarbeitet.

Die Kräuter können Sie entweder klein gehackt der Suppe beifügen oder zu einem Sträußchen gebunden, das Sie nach dem Kochen wieder entfernen.

Variationen:

Die Suppe können Sie auch pürieren. Manche Kinder mögen das bunte Durcheinander auf dem Teller nicht und beginnen zu stochern und auszusortieren.

Sie können auch kleine Wurststücke oder angebratene Hackfleischbällchen in die Suppe geben.

Statt Brot dazu zu reichen, können Sie auch (altes, hartes) Brot in Würfel schneiden, diese in der Bratpfanne in Butter und mit Salz anbraten und dann am Tisch über die Suppe geben. Das schmeckt besonders bei der pürierten Version gut, da es etwas „Biss" in die Suppe bringt.

Reste:

Reste der Gemüsesuppe lassen sich mühelos einfrieren und schnell wieder auftauen. Das ist besonders praktisch, wenn es mal richtig schnell gehen muss!

Große Mengen:

Diese Suppe können Sie bedenkenlos in großen Mengen kochen. Vervielfachen Sie die Mengenangaben für das Rezept einfach. Gute Gelegenheiten für einen Teller Suppe bieten sich viele.

Blumenkohl und Broccoli:

Bei diesen beiden Namen denkt man eigentlich, dass der Blumenkohl ein altes deutsches Gemüse sei, der Broccoli hingegen aus Italien oder sonst wo aus dem Süden zu uns gekommen sei. Viele Menschen nehmen sogar an, dass Broccoli eine neue Züchtung ist. Das stimmt aber gar nicht. Beides sind sehr  alte Pflanzen, die aus Kleinasien stammen und von den alten Griechen und später von den Römern nach Europa gebracht wurden. Beides sind also keine einheimischen, aber doch sehr alte Arten. Während der Blumenkohl inzwischen bei uns heimisch geworden ist, wird Broccoli vor allem im Mittelmeerraum angebaut, da er nicht winterhart ist. Etwas neuer ist die Zuchtform des Romanesco. Aber auch er wird schon seit dem 16. Jahrhundert auch in Deutschland angebaut.

Paprika:

Paprika wird in den Sommermonaten auch aus deutscher Zucht angeboten. Durch die Zucht in Gewächshäusern, kann die Ernteperiode deutlich verlängert werden. Das ganze Jahr über wird Paprika aus wärmeren Regionen geliefert.

Paprika gibt es in vielen unterschiedlichen Geschmacksrichtungen (von scharf bis süß), Farben und Formen. Paprika können Sie auch roh essen. Wenn sie verschiedene Sorten haben, darf ruhig mal probiert werden. Vorsicht! Gerade einige gelbe Paprikasorten (nicht die aus normalen Supermärkten) können roh sehr scharf sein, probieren Sie besser zunächst einmal selbst.

Kohlrabi:

Kohlrabi ist eine, wahrscheinlich aus Europa stammende, Zuchtform des Gemüsekohls. Er ist sehr reich an Spurenelementen und Vitaminen. Kohlrabi können Sie gut im Gemüsegarten selber ziehen. Sie vertragen sich jedoch nicht mit Eichen oder Erdbeeren. Kohlrabi schmeckt auch roh gut. Der Geschmack ist bei vielen Kindern sehr beliebt, da er mild und süßlich ist.

Warme Speisen

Gemüse-Merk-Spiel:

Kopieren Sie diese Doppelseite und kleben Sie sie auf bunte Pappe auf. Schneiden Sie die kleinen Kärtchen entlang der gestrichelten Linie aus und legen sie verdeckt auf den Tisch. Jeder der zwei bis drei Mitspieler darf nun zwei Karten umdrehen. Wer es schafft, zwei gleiche Karten zu entdecken, der darf sie behalten und noch einmal zwei Karten drehen. Wenn niemand ein Paar findet, beginnt die nächste Runde. Wer am Ende die meisten Karten hat, hat gewonnen.

Bastelvorlage

20

Gemüsesuppe für vier Suppenkasper

21

Warme Speisen

Popcorn für eine Naschkatze

Zutaten:	1 Esslöffel Öl
	1 Esslöffel Popcorn-Mais
	Salz oder Zucker

Materialien:	Topf mit Deckel

Popcorn für eine Naschkatze

Zubereitung:

Öl in einen Topf geben und auf höchster Stufe erhitzen.
Sobald das Öl richtig heiß ist, den Mais hinzugeben.
Topf mit einem Deckel abdecken.
Wenn das erste Maiskorn aufplatzt, den Herd auf niedrigste Stufe herunterstellen.
Ist kein Geräusch mehr zu hören, dann ist das Popcorn fertig.
Nun entweder Salz oder Zucker zugeben.

! Besonders beachten:

Achten Sie beim Kauf auf den richtigen Mais. Nicht jeden Mais können Sie zu Popcorn verarbeiten. Der Mais wird speziell als Popcornmais verkauft oder er wird Puffmais genannt. Normaler Mais wird hauptsächlich zur Gewinnung von Stärke oder als Viehfutter verwendet und eignet sich nicht zur Herstellung von Popcorn.

Warme Speisen

Puffmais hat eine sehr dünne, glasige und harte Schale. Oft bleiben Teile der Schale am Popcorn hängen.

Wundern Sie sich nicht über die geringe Menge, die im Rezept genannt wird. Puffmais ist extrem ergiebig.

Besonderer **TIPP**:

Popcorn kann sowohl süß (Puderzucker, Vanillezucker, normaler Haushaltszucker) als auch salzig (Salz) gegessen werden. Außerdem gibt es noch die in den USA weit verbreite Variante des karamellisierten Popcorns. Dazu geben Sie Kristallzucker (Haushaltszucker) in den noch heißen Topf zu dem fertigen Popcorn. Bei Hitze schmilzt der Zucker, karamellisiert und bleibt in bräunlicher Form am Popcorn haften. In den USA gibt es außerdem eine süß-salzige Variante. Sie können das Popcorn auch in Honig oder in Kräuterbutter schwenken.

Popcorn können Sie auch in der Mikrowelle herstellen. Allerdings ist dann das Erlebnis für die Kinder nicht so groß, da sie das „Poppen" der Maiskörner nicht wirklich miterleben. Es besteht auch schnell die Gefahr des Überhitzens. Schwarze Stellen deuten auf verbranntes und daher ungenießbares Popcorn hin.

Inhaltsstoffe:

Mais und somit auch Popcorn ist sehr ballaststoffreich. Außerdem sind die Vitamine B1 und B2 und Kalium enthalten. Allerdings müssen Sie bedenken, dass Sie leere Kohlenhydrate verwenden, wenn Sie mit Zucker oder karamellisiertem Zucker, Traubenzucker oder Vanillezucker süßen.

Vorkommen:

Das Nahrungs- und Genussmittel Popcorn kommt ursprünglich aus Amerika. Es gibt sehr alte Funde, sowohl aus Nord- wie auch aus Südamerika. Wann es zum ersten Mal verwendet wurde, ist nicht bekannt. Bekannt ist jedoch, dass es die Einheimischen zu dem Zeitpunkt als Christoph Columbus 1492 Amerika entdeckte, auch als Schmuck getragen haben. Außerdem hat man bei Ausgrabungen, bis zu 4000 Jahre alte Puffmaiskörner gefunden. Dies ist ein Hinweis darauf, dass dieser schon sehr früh zum Speiseplan der Indianer gehörte.

Tierfutter:

Mais wird auch an Tiere verfüttert. Tiere, die Mais essen, z.B. Nagetiere, Ziegen und Affen, können auch Popcorn essen – aber nur das naturbelassene. Das bedeutet, es darf weder gesalzen noch gezuckert oder anderweitig gewürzt sein. Besser ist es, den Tierhalter (im Zoo den Wärter) zu fragen, ob das jeweilige Tier Mais essen darf.

Feiern/Feste:

Wenn Sie viel Popcorn hergestellt haben, können Sie es auch bei Geburtstagsfeiern oder vielleicht bei Festen im Kindergarten oder in der Schule verteilen. Basteln Sie mit den Kindern einfache kleine Tüten und füllen Sie diese mit Popcorn.

Eine Tüte ist schnell gefaltet. Dazu legen Sie ein Blatt Papier (möglichst DIN A4) auf den Tisch. Eine Ecke klappen Sie so nach innen, dass sie im rechten Winkel

Warme Speisen

zu liegen kommt. Unten steht nun ein Stück über. Das klappen Sie nach oben. Die noch überstehende Ecke klappen Sie nun auf die andere Seite.

Das ganze fixieren Sie am besten mit Klebestreifen. Flüssiger Klebstoff kann zu leicht in die Tüte gelangen und dann am Popcorn haften. Genauso ungeeignet ist ein Klebestift. Der hält unter Umständen nicht richtig oder es können auch hier Reste in die Tüte gelangen.

Die Tüte können Sie noch anmalen oder bekleben, zum Beispiel für Halloween in Schwarz und Orange, mit Masken darauf.

Verpackungsmaterial:

Popcorn findet manchmal auch als biologisches Verpackungsmaterial Verwendung. Vorsicht! Diese Popcornverpackung ist nicht als Lebensmittel ausgewiesen und unterliegt daher auch nicht den entsprechenden Bestimmungen. Das bedeutet, dass sie verunreinigt sein kann oder unzulässige Pflanzenschutzmittel oder andere Chemikalien zugesetzt sein können.

Anbau durch den Menschen:

Der Maisanbau ist sehr interessant. Mais ist nämlich die einzige Pflanze, die ohne das Eingreifen des Menschen nicht wächst. Die frühesten Maiserzeugnisse, von vor rund 8.700 Jahren, sind im Süden Mexikos nachzuweisen. Die Entwicklung dieser Pflanze war eine große Leistung. Bis zur Entdeckung Amerikas war der Mais nur dort verbreitet. Kolumbus brachte ihn mit und bereits im 16. Jahrhundert wurde er zunächst in Spanien angebaut und später in wärmeren Teilen des restlichen Europas. Erst im 19. Jahrhundert wurden Sorten entwickelt, die kälteres Klima vertragen. Seit 1970 wird Mais in Deutschland großflächig angebaut.

Popcornschlangen und Spiele mit Popcorn:

Mit Popcorn können einfache Dekorationen schnell erstellt werden.

Dazu brauchen Sie fertiges Popcorn, eine dünne Nadel und einen Faden. Nachdem der Faden aufgefädelt wurde, muss am Ende ein dicker Knoten, am besten ein Doppelknoten oder ein dreifacher Knoten, gemacht werden.

Dann wählen Sie schöne große Exemplare des Popcorns aus und fädeln sie auf. Schnell entsteht eine Popcornschlange, die auf den Tisch gelegt werden oder von der Decke herunter hängen kann.

Auf die gleiche Art und Weise können Sie auch Ketten herstellen, die als Preise bei Spielen genutzt werden können.

Hängen Sie nur ein einzelnes Popcorn an einem Faden auf. Dann halten zwei Erwachsene den Faden hoch und ein Kind versucht das Popcorn ohne die Hände zu nutzen mit dem Mund zu fangen und zu essen.

Bei einem anderen Spiel dürfen die Hände zwar benutzt werden, um Popcorn mit Messer und Gabel zu essen, aber zuvor müssen Handschuhe angezogen werden. Um den Popcorngenuss zu erschweren, darf das Popcorn vorher auch noch eingepackt werden.

Warme Speisen

Kürbissuppe für vier Halloweengeister

Zutaten:
500 g Kürbisfleisch
3 mittelgroße Kartoffeln
1 Esslöffel Butter
½ Liter Gemüsebrühe
200 ml Sahne
Petersilie, eine Prise Muskat

Materialien:
Messer
Schneidbrettchen
Bratpfanne
Löffel
Pürierstab

Kürbissuppe für vier Halloweengeister

Zubereitung:

Das Kürbisfleisch würfeln. Am einfachsten ist es, den Kürbis zunächst kleinzuschneiden. Soll er noch anderweitig verwendet werden, z.B. für Halloween, müssen Sie ihn natürlich noch aushöhlen.

Kartoffeln schälen und ebenfalls in Würfel schneiden.

Butter in der Pfanne erhitzen und die Kürbiswürfel hineingeben.

Danach die Gemüsebrühe und die Sahne einrühren und die Kartoffelwürfel dazugeben.

Die Suppe pürieren und die Petersilie und den Muskat hinzufügen.

❗ Besonders beachten:

Die Suppe muss fein püriert werden, sonst schmeckt sie nicht. Am einfachsten geht das mit einem elektrischen Pürierstab. Bitte achten Sie darauf, dass die Kinder ihn richtig einsetzen und ihre Finger von der sich drehenden Klinge fernhalten.

Warme Speisen

Wenn Ihnen das zu gefährlich erscheint, können Sie auch die weich gekochten Zutaten durch ein Sieb streichen oder mit einer Gabel fein zerstampfen. Das ist mühsamer, muss aber nicht so intensiv beaufsichtigt werden.

Besonderer TIPP:

Dieses Rezept können Sie noch verfeinern. Zum Beispiel indem Sie Möhren hinzufügen, etwa zwei mittelgroße, gewürfelt zu den Kürbiswürfeln. Kokosmilch können Sie nach dem Pürieren hinzufügen. Geröstete Sonnenblumenkerne oder Kürbiskerne schmecken auch sehr lecker dazu. Mit klein gehackter Petersilie zaubern Sie noch einen interessanten Farbtupfer auf die Suppe.

Kürbis:

Mit dem Kürbis können die Kinder noch eine Menge Spaß haben! Nachdem er ausgehöhlt wurde, ritzen sie Zähne, Nase und Augen hinein und dekorieren ihn. Im Dunkeln kann er, mit Hilfe eines Teelichts, sogar schön schaurig leuchten! Im Oktober und November, wenn es in der Früh noch lange dunkel ist, können Sie ihn auch morgens schon strahlen lassen!

Zum Aushöhlen schneiden Sie zunächst einen „Deckel" ab. Durch das nun entstandene Loch können Sie mit einem Löffel das Fleisch entfernen. Je gründlicher das Fleisch entfernt wird, desto besser und länger hält der Kürbis, denn das Fleisch fängt sehr schnell an zu schimmeln.

Herkunft:

Ursprünglich kommt der Kürbis aus Amerika, ist aber inzwischen auch bei uns heimisch geworden. Es handelt sich um eine einjährige Pflanze, die immer wieder neu angepflanzt werden muss. Es gibt unzählige Sorten von klein bis groß, von rund bis schrumpelig und in ganz vielen bunten Farben: gelb, orange, rot, violett und grün. Wichtig für das Wachstum ist viel Wärme. Achten Sie beim Kauf des Kürbisses aber darauf, dass Sie nicht aus Versehen, weil er so schön aussieht, einen Zierkürbis kaufen. Der ist nicht für den Verzehr geeignet. Nehmen Sie am besten einen Gartenkürbis, einen Hokkaidokürbis oder einen Riesenkürbis.

Gemüsebrühe:

Für Gemüsesuppen, zu denen auch die Kürbissuppe zählt, sollten sie keine Fleischbrühe verwenden. So können Sie die Suppe auch Kindern, die aus religiösen oder weltanschaulichen Gründen kein Fleisch oder nur bestimmte Fleischsorten essen, beruhigt anbieten. Eine Gemüsebrühe können Sie selbst vorkochen: Möhren, Lauch, Petersilie, Sellerie, Zwiebeln usw. lange kochen lassen und das Gemüse am Ende aus der Brühe herausfiltern. Die Brühe können Sie portionsweise einfrieren und dann bei Bedarf schnell im Topf auftauen. Sie können aber genauso gut gekörnte Brühe oder Brühwürfel nutzen. Gekörnte Brühe lässt sich einfacher portionieren, Brühwürfel landen sicherer im Topf – entscheiden Sie selbst, was Sie bevorzugen.

Muskat:

Das Aroma der Muskatnuss verflüchtigt sich schnell. Darum ist es geschmacklich besser ganze Nüsse zu kaufen und diese dann auf einer kleinen Reibe zu reiben. Etwas schwieriger, aber dennoch möglich ist es, mit der feinsten Lochung einer kombinierten Reibe zu arbeiten. Bitte nur eine Prise nehmen. In großen Mengen kann Muskat zu Bauchschmerzen führen.

Warme Speisen

Kartoffeln:

Es ist zwar schwer vorstellbar, aber die Kartoffel ist erst seit etwa 250 Jahren bei uns verbreitet. Zunächst wurde sie wegen ihrer schönen Blüten in herrschaftlichen Gärten angepflanzt. Man merkte schnell, dass die Früchte, die über der Erde wuchsen, nicht essbar sind. Und das, was wir heute als Kartoffel kennen, schien unansehnlich und dreckig – warum sollte man das essen? Es gibt eine Legende, nach der Friedrich II. den Kartoffelanbau nicht nur vorantrieb, sondern seine Felder tagsüber bewachen ließ. Darum glaubten die Leute, dort würde etwas extrem wertvolles angebaut. Da die Felder nachts nicht bewacht wurden, begann man die Kartoffeln zu stehlen und entdeckte ihren Nutzen.

Bratpfanne:

Es gibt sie in verschiedenen Formen und für verschiedene Gelegenheiten. Wenn Sie nicht mehrere Pfannen kaufen möchten, so nehmen Sie eine Allzweckpfanne. Am weitesten verbreitet und gut einsetzbar sind heute Edelstahlpfannen und beschichtete Pfannen. Beschichte Pfannen verhindern ein Verbrennen oder Anbacken eher, sie sind aber auch kratzempfindlicher und dürfen auf keinen Fall in die Spülmaschine. Es darf auch nur mit bestimmten Löffeln, z.B. Holzlöffeln darin gerührt werden. Metalllöffel können die Beschichtung zerkratzen.

Kürbissuppe für vier Halloweengeister

Schneidbrettchen:

Kinder sollten immer ein Brettchen haben, auf dem sie schneiden können. Auf einem Teller lässt sich nicht so gut schneiden. Es gibt Brettchen aus Holz, Kunststoff oder auch aus Marmor. Die Marmorschneideunterlagen sind oft sehr teuer und auch viel zu schwer, so dass die Kinder sie gar nicht allein tragen können. Ob sie Kunststoffbrettchen oder Holzbrettchen verwenden, das sollten sie selbst entscheiden. Wichtig ist in jedem Fall, dass Sie die Brettchen immer wieder gut säubern, damit keine Bakterien oder sonstigen Verunreinigungen weitergegeben werden können.

Warme Speisen

Der dicke fette Kürbis (eine Geschichte):

Auf einem Kürbisfeld wuchsen viele Kürbisse. Alle waren ungefähr so groß wie eine Apfelsine und hatten eine leuchtend gelbe Farbe. Jedes Mal wenn es regnete, wurden sie ein bisschen größer und wenn die Sonne schien, dann wurden die Kürbisse süßer und noch gelber.

Nur einer der Kürbisse, der wuchs nicht richtig. Er war unter den Blättern versteckt und bekam nicht genügend Wasser, wenn es regnete. Und wenn die Sonne schien, dann erreichte sie den kleinen Kürbis auch nicht richtig mit ihren Strahlen. Irgendwann waren die anderen Kürbisse so groß wie Medizinbälle, nur der kleine Kürbis noch nicht. Er war ziemlich traurig, wenn er sich so umschaute und all die anderen Kürbisse sah.

Eines Tages kam ein großer Lastwagen und mehrere Männer und Frauen stiegen aus und holten einen Kürbis nach dem anderen vom Feld. An dem kleinen Kürbis gingen sie zunächst ein paar Mal vorbei.

Plötzlich sagte eine Frau: „Oh, den hier haben wir ganz übersehen!" Dann nahm sie das Laub ein wenig zur Seite und schaute noch einmal ganz genau hin. „Aber den lassen wir hier. Erst einmal ist der zu klein und reif ist er auch nicht!"

Der Kürbis war traurig. Nun war er ganz allein. Der Regen prasselte auf ihn hinunter und dann schien die Herbstsonne direkt auf seine gelbe Schale und ließ sie noch gelber leuchten als vorher. Der Kürbis wurde dicker und dicker.

Eines Tages kamen Kinder auf das Feld. Sie wollten ihre Drachen steigen lassen und liefen hin und her. Auf einmal stolperte ein Mädchen über den Kürbis und rief den anderen zu: „Schaut doch einmal hierher! Das ist der größte Kürbis, den ich je gesehen habe!" Die Kinder kamen alle und bestaunten den Kürbis. „Lass uns den Kürbis mitnehmen!", meinte einer. „Daraus basteln wir uns den besten Halloweenkürbis überhaupt!"

Und schon ein paar Stunden später wurde aus dem Kürbis ein lustiges Gesicht, das die Kinder mit eine Kerze schmückten und zum Leuchten brachten.

KÜRBISSUPPE FÜR VIER HALLOWEENGEISTER

Warme Speisen

Vier freche Monster

Zutaten:
400 g Hackfleisch
Salz
Pfeffer
Ei
Öl
4 Tomaten
4 Salatblätter
1 Gurke
4 Brötchen
Ketchup
Butter oder Margarine

Materialien:
Gabel
Messer
Schneidbrettchen
Bratpfanne
Pfannenwender

Zubereitung:

Hackfleisch mit Salz und Pfeffer würzen, rohes Ei hinzugeben und mit der Gabel gut durchrühren. In vier gleich große Portionen teilen und runde Platten daraus formen.

Fett in der Pfanne erhitzen. Hackfleisch von beiden Seiten braten, bis es braun ist.

Brötchen zur Hälfte aufschneiden, so dass es sich aufklappen lässt, die beiden Hälften aber nicht voneinander getrennt werden.

Nun das Brötchen nach Geschmack mit dem Hackfleisch und den kleingeschnittenen übrigen Zutaten füllen.

An der Vorderseite, oberhalb der Öffnung, die den Mund darstellt, zwei Augen mit Ketchup aufzeichnen.

! Besonders beachten:

Im Hackfleisch können sich besonders viele Salmonellen bilden. Da es ganz fein geschnitten ist, gibt es sehr viel Angriffsfläche. Hackfleisch sollte möglichst

Warme Speisen

noch am selben Tag, an dem es gekauft wurde, verarbeitet werden. Probieren sollten Sie das rohe Fleisch nicht!

Besonderer TIPP:

Die Kinder werden sicherlich ganz begeistert immer mehr in ihr Monster hineinpacken wollen. Allerdings sind zu dick belegte Brötchen für Kinder einfach nicht zu bewältigen. Eventuell können Sie, statt die Brötchen durchzuschneiden, ein Dreieck hinein schneiden, wie einen Keil. Sie können die Hamburger auch noch fünf Minuten im Ofen erwärmen, damit sie warm gegessen werden können. Fragen Sie die Kinder aber vorher, ob sie die Brötchen gern warm oder kalt essen möchten.

Variationen:

Es gibt sicherlich Kinder, die andere Dinge, als die im Rezept angegebenen, lieber mögen. Sie können auch Champignons, Käsescheiben, Radieschen, Kresse, gekochte Eier und anderes anbieten. Ihrer Fantasie sind da selbst bei Obst, wie z. B. Kiwi und Ananas, keine Grenzen gesetzt. Sie können auch das Fleisch durch etwas anderes ersetzen, zum Beispiel durch Tofu oder durch Reisfrikadellen. Für letztere müssen Sie Reis mit Ei, Pfeffer und Salz vermengen und wie das Hackfleisch anbraten.

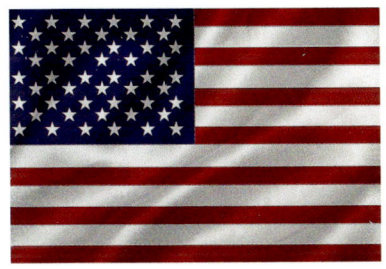

Hamburger:

Ham heißt korrekt übersetzt Schinken. Doch der ist eher selten in einem Hamburger zu finden. Der Name hat damit auch überhaupt nichts zu tun. Er wurde den Burgern vermutlich gegeben, weil die Einwanderer aus Hamburg ihre Frikadellen in ihrer neuen Heimat Amerika auch weiter essen wollten. In Brötchen gesteckt, wurden sie nach den Menschen benannt, die sie mitgebracht hatten und das waren die Hamburger. Zumindest erzählt dies eine Legende. Es gibt noch weitere, die sich darauf beziehen, dass der Hamburger aus besonders wertvollem Fleisch (Rindfleisch) hergestellt wurde. Fest steht in jedem Fall, dass dieses Gericht seit mindestens 200 Jahren bekannt ist. Denn seitdem taucht es immer wieder in verschiedenen Kochbüchern und Schriften auf – ob der wirkliche Erfinder tatsächlich aus Hamburg kommt, das ist schwer nachzuweisen.

Hackfleisch:

Am meisten wird bei uns halb und halb gemischtes Hackfleisch verkauft. Das bedeutet, dass das Fleisch zur einen Hälfte aus Rinderhackfleisch und zur anderen Hälfte aus Schweinehackfleisch besteht. Es gibt natürlich auch reines Rinderhackfleisch oder reines Schweinehackfleisch. Rinderhackfleisch ist teurer als Schweinehackfleisch. Hackfleisch aus Geflügel oder Wild wird nur abgepackt in Deutschland angeboten, da die Gefahr von Salmonellen oder Trichinen um ein Vielfaches größer ist, als bei anderem Hackfleisch. Es sollte daher sofort verarbeitet werden. Hackfleisch kann natürlich auch mit einem Fleischwolf hergestellt werden. Verwendete Geräte und die Hände müssen nach der Verarbeitung gründlich unter fließendem, warmem Wasser gereinigt werden.

Hackfleisch gibt es in verschiedenen Qualitäten. Sie können nicht sehen, was für Fleisch verwendet wurde. Es kann sich dabei um Reststücke handeln oder um wirklich wertvolles Fleisch. Der Fettanteil ist gesetzlich vorgeschrieben. Bei Schweinehackfleisch darf er nicht über 35% liegen, bei Rinderhackfleisch nicht über 20%. Die halb- und halb Variante darf nicht über 30% Fett beinhalten.

Warme Speisen

Kinder mögen oft das reine Rinderhackfleisch nicht so gern, da es einen etwas strengeren Beigeschmack hat. Wer kein reines Hackfleisch verwenden möchte, kann es mit einem Ei und einem alten Brötchen (in Wasser einweichen, Wasser wieder ausdrücken und dann mit dem Hackfleisch verkneten), ein wenig weicher im Geschmack machen.

Gesund?

Auch wenn es immer wieder Studienergebnisse darüber gibt, dass die Hamburger der Fast-Food-Ketten gar nicht so ungesund sind – wirklicher Teil eines vollwertigen Ernährungsplans werden sie wohl kaum sein. Anders sieht es bei unseren Hamburgern aus. Es liegt an Ihnen, was Sie daraus machen. Achten Sie darauf, welche Brötchen Sie verwenden – Vollkornbrötchen sind wesentlich wertvoller als herkömmliche Hamburgerbrötchen. Je frischer das verwendete Gemüse ist, desto besser.

Beim Betrachten des Burgers fällt nun auf, dass viele Nährstoffe vorhanden sind: Getreideprodukte, viel verschiedenes Gemüse und Fleisch – eigentlich eine ideale Mahlzeit.

Brötchen:

Vollkornbrötchen haben wesentlich mehr Nährstoffe als Brötchen, die aus geschälten Weizenkörnern hergestellt werden. Einige Kinder mögen keine Brötchen, wenn diese Kerne enthalten. Das muss aber auch gar nicht der Fall sein – Vollkorn bedeutet, dass bei der Herstellung das ganze Korn verwendet wird und nicht nur der vitamin- und ballaststoffärmere Innenteil des Korns. Es kann auch feingemahlen sein. Vielleicht entdeckt ja so das ein oder andere Kind auch, dass Vollkornbrötchen gut schmecken.

Warm oder kalt?

Ein typischer Hamburger wird heiß serviert. Gerade jüngere Kinder essen aber lieber lauwarme oder kalte Speisen, statt sehr warmer oder heißer. Soll der Burger nach dem Abkühlen wieder erwärmt werden, dann wandert er noch einmal in den Backofen (für zehn Minuten, bei 140° C).

Warme Speisen

Monstermäßige nächtliche Besucher (eine Geschichte):

Bist du schon einmal nachts in der Küche gewesen? Ich meine nicht abends, wenn es dämmerig ist und überall das Licht eingeschaltet wurde, sondern dann, wenn es im Haus richtig dunkel ist und es in allen Ecken gefährlich knackt und knarrt, wenn es scheppert und rumpelt und kracht und das Mondlicht eigenartige Schatten in die Zimmer wirft. Eigentlich traut sich zu dem Zeitpunkt niemand mehr in dunkle Räume hinein. Die Türen sind fest verschlossen und natürlich denkt man, dass auch alles andere an seinem Platz sein müsste.

Wenn du dich aber doch trauen würdest, zu einer solchen Zeit in die Küche zu gehen, dann würdest du dort eine Überraschung erleben und du wüsstest, warum es nachts im Haus so komische Geräusche gibt.

Eigentlich soll das ja nicht verraten werden. Denn nur wer es selber einmal gesehen hat, der darf davon erfahren und mit anderen, die es gesehen haben, darüber sprechen – aber weil du ja versprichst es nicht zu erzählen, wirst du nun in das Geheimnis eingeweiht.

Also hör gut zu. Nachts, wenn es eigentlich ganz leise ist, dann beginnen die Pfannen und die Töpfe aus den Schränken zu krabbeln und sich aufzurappeln. Dabei scheppern sie aneinander und machen einen ziemlichen Krach. Die Dosen kullern aus den Schränken und beginnen sich zu stapeln und die Nudeln stolzieren langbeinig herum, ohne dabei abzubrechen.

Die Reiskörner purzeln wild durcheinander und die Birnen, Äpfel und Tomaten fliegen durch die Luft, als würde ein unsichtbarer Jongleur sie in Bewegung halten.

Salz und Zucker sammeln sich in Tassen und beginnen dabei melodisch zu rasseln. Löffel und Messer klappern mit den Gabeln den Takt.

Wenn sie irgendwo nur einen Lichtschein bemerken, dann verkriechen sie sich sofort wieder in die Schränke und sind nicht mehr zu sehen.

Nur manchmal erinnert ein Reiskorn, eine liegengebliebene Nudel oder eine fast unsichtbare Spur aus Salz oder Zucker daran, was passiert ist.

Vier freche Monster

Warme Speisen

Spaghetti mit Tomatensauce für vier Kinder

Zutaten:
1 Karotte
1 Knoblauchzehe
1 Zwiebel
1 Stange Sellerie
4 Esslöffel Olivenöl
1 Teelöffel Salz
400 g passierte oder gehackte Tomaten
3 Esslöffel Tomatenmark
300 g Spaghetti
½ Teelöffel Majoran

Materialien:
Messer
Schneidbrettchen
zwei Kochtöpfe
Kartoffelschäler
Sieb

Spaghetti mit Tomatensauce für vier Kinder

Zubereitung:

Karotten, Knoblauch und Zwiebel schälen, Sellerie waschen, alles kleinschneiden.

Drei Esslöffel Öl in einem der beiden Töpfe erhitzen. Sobald das Öl heiß ist, das Gemüse hinzufügen. Immer wieder umrühren.

Den anderen Topf mit Wasser aufsetzen, einen halben Teelöffel Salz ins Wasser geben und das Wasser bei höchster Stufe zum Kochen bringen.

Warme Speisen

Tomaten und Tomatenmark zu dem Gemüse geben. Temperatur auf niedrigste Stufe stellen. Immer wieder umrühren.

Sobald das Wasser kocht, die Nudeln in den Topf geben, einen Esslöffel Öl dazu. Weiterkochen lassen, Deckel nicht wieder auf den Topf legen. Nach zehn Minuten sind die Nudeln fertig.

Nudeln durch ein Sieb abgießen.

Soße mit Majoran abschmecken.

❗ Besonders beachten:

Nudelwasser kocht schnell über. Dagegen gibt es ein paar Tricks. Zunächst einmal bringen Sie das Wasser mit Salz zum Kochen. Der Deckel des Topfs ist geschlossen, um Wärmeverlust zu vermeiden. Wenn die Nudeln ins Wasser kommen, darf der Deckel nicht mehr auf dem Topf liegen, sonst kocht das Wasser schnell über. Ein wenig Fett verhindert ebenfalls das Überkochen und die Nudeln kleben nicht so sehr aneinander.

Besonderer **TIPP**:

Am besten schmecken Nudeln „al dente". Der aus dem Italienischen stammende Begriff bedeutet übersetzt so viel wie bissfest. Die Nudeln sind dann gar, aber weder weich noch matschig. Das können Sie am besten mit einer Gabel- und Geschmacksprobe testen. Innen sind die Nudeln noch ein kleines bisschen weiß. Beim Reinbeißen können Sie feststellen, dass die Nudeln noch ein klein wenig hart sind. Nudeln sollten Sie nur dann kalt abschrecken, wenn Sie sie für einen Nudelsalat verwenden wollen. Nudeln, die Sie mit Soße servieren möchten, sollten Sie lieber nicht abschrecken. Sonst wird die Stärkeschicht, welche die Nudeln umgibt, entfernt und gerade die sorgt dafür, dass sich die Nudeln besonders gut mit der Soße verbinden.

Variationen:

Sie können verschiedene Nudelsorten verwenden: Spaghetti, Makkaroni, Bandnudeln, Vollkornnudeln, bunte Nudeln, ganz wie Sie möchten.

Je nachdem, welche Nudeln Sie wählen, verbinden diese sich anders mit der Sauce und das gibt dann einen anderen Geschmack.

Spaghetti mit Tomatensauce für vier Kinder

Sie können auch 100 g durchwachsenen Speck zusammen mit der Zwiebel an die Sauce geben. Die Sauce können Sie zum Schluss auch noch mit zwei Löffeln Crème fraîche abschmecken.

Nudeln:

Es gibt zwei Länder, von denen man annimmt, dass die Nudeln dort erfunden wurden. Das eine ist Italien, also in Südeuropa, das andere ist China, in Asien. Zwischenzeitlich hat man angenommen, dass die ersten Seefahrer die Nudeln aus China mitgebracht haben. Doch es gibt inzwischen Funde, die belegen, dass bereits in der griechischen Antike Nudeln hergestellt wurden. Wahrscheinlich wurde die Nudel in beiden Kulturkreisen unabhängig voneinander entwickelt. In Italien werden Nudeln „pasta" genannt.

Interessant ist, dass bereits 1793 die älteste Nudelfabrik in Deutschland gegründet wurde, die Erfurter Teigwarenfabrik. Heute gibt es Nudeln in vielen Formen und Farben (schwarz, braun, gelb, rosa, orange und grün).

Warme Speisen

In Deutschland werden Nudeln in der Regel als Teil der Hauptmahlzeit betrachtet. Nur ganz selten (in Süd-West-Deutschland häufiger) sind sie Beilage.

Hergestellt werden sie in der Regel aus Hartweizengrieß. Manchmal werden färbende Zutaten und Gewürze hinzugegeben. Hartweizen benötigt zum Wachsen mehr Sonne als Weichweizen. Dieser wächst daher eher in Nordeuropa. Um die nötige Festigkeit zu erhalten werden dem Weichweizen bei der Produktion Eier hinzugefügt.

Passierte Tomaten und Tomatenmark:

Tomatenmark ist eine Paste, die aus reifen, geschälten und entkernten Tomaten hergestellt wird. Das übrige Fruchtfleisch wird passiert und durch Vakuum oder Hitze eingedickt. Damit es haltbar ist, wird es noch pasteurisiert. Die Tomaten stammen meistens aus Südeuropa und werden auch direkt vor Ort verarbeitet und abgefüllt.

Passierte Tomaten hingegen werden nicht eingedickt, sondern so wie sie sind in kleine Kartons verpackt, die den Getränkepappkartons ähnlich sind.

Flecken:

Beim Essen dieses Gerichts wird das ein oder andere Kind kleckern, vielleicht auch der ein oder andere Erwachsene. Das bleibt nicht aus. Die Farbstoffe, die sich im Tomatenmark befinden, heißen Carotine und sind zwar sehr natürlich, aber auch schwer in der Waschmaschine zu entfernen. Es gibt jedoch einen Trick, mit dem die Flecken recht schnell verschwinden: Machen Sie die Kleidungsstücke nass und legen Sie diese in die pralle Sonne. Dabei verschwinden die Flecken wie von selbst. Das funktioniert auch bei vielen verfärbten Kunststoffdosen!

Spaghetti mit Tomatensauce für vier Kinder

Käse:

Zu Nudeln mit Tomatensauce gehört Käse. Üblicherweise ist das Parmesankäse. Es handelt sich dabei um eine schon sehr lange bekannte Käsesorte aus Italien. Die Herstellung ist aufwändig und verbraucht eine Menge Milch. Der Käse ist hart und wird über die Nudeln geraspelt. Sie können ihn auch schon geraspelt kaufen. Nicht alle Kinder mögen den Geschmack von Parmesankäse. Sie können zusätzlich noch anderen geriebenen Käse anbieten, der weicher und milder im Geschmack ist, zum Beispiel Gouda.

Öl:

Pflanzenöle und -fette werden durch das Auspressen von Ölpflanzen, bzw. ihrer Samen gewonnen. Pflanzenöle enthalten, im Vergleich zu tierischen Fetten, einen höheren Anteil an ungesättigten Fettsäuren. Viele Olivenöle sind nicht dazu geeignet erhitzt zu werden. Sie schmecken dann ein wenig komisch. Manche Olivenöle sind inzwischen so behandelt, dass sie Hitze gut vertragen. Achten Sie einfach beim Kauf auf die Hinweise auf der Flasche.

Knoblauch:

Knoblauch wird oft in Gerichten verwendet, die aus dem Mittelmeerraum stammen. Er gibt den Speisen eine besondere Würze. Leider hat er auch den Nachteil, dass Menschen, die Knoblauch gegessen haben, ein wenig streng riechen. Das wird besonders von Personen wahrgenommen, die keinen Knoblauch gegessen haben. Knoblauch gehört zur Familie der Zwiebelgewächse. Sie können ihn im Garten selber züchten.

Am besten schmeckt Knoblauch, wenn er sehr fein zerkleinert wurde. Das geht leichter mit einer Knoblauchpresse, als mit einem Messer. Der Kraftaufwand für die Benutzung einer Knoblauchpresse wird häufig unterschätzt. Sie muss in der Regel von einem Erwachsenen bedient werden.

Warme Speisen

Die Überraschung (eine Geschichte):

Flori und Sam hatten eine ganz tolle Idee. Sie wollten ihre Eltern mit einem tollen Mittagessen überraschen. Flori holte das Rezeptbuch seiner Mutter aus dem Schrank. „Hm", sagte er zu seiner Schwester, „was wollen wir denn heute kochen?" Flori zuckte mit den Schultern: „Vielleicht die Torte, die Mama letzte Woche gemacht hat?" Sam schüttelte den Kopf. „Wir wollen doch ein Mittagessen kochen und keine Torte! Du sagst immer Sachen!" Er blätterte im Kochbuch: „Pizza wäre nicht schlecht. Aber dazu brauchen wir Hefe und ich weiß gar nicht, was das ist!" „Schade!", meinte Flori. „Darauf hätte ich jetzt Hunger gehabt."

Sam suchte weiter. „Hühnersuppe, Linsensuppe ...", „Linsen, die mag ich nicht!" „Du bist keine große Hilfe!", meinte Sam darauf. „Aber hier habe ich etwas, das wir machen können! Nudeln mit Tomatensauce."

Sam las genau vor und Flori suchte die Sachen raus. „Eine Prise Salz!", las Sam und Flori wollte genau wissen, wie viel eine Priese ist. Sam überlegte. „Ich glaube, das ist so viel wie zwischen zwei Hände passt." Flori griff in den Salztopf und nahm Salz zwischen ihre Hände. Leider ging das ein wenig daneben und die Hälfte landete auf der Erde. „Oh!", meinte sie daraufhin nur. Sam schaute noch mal in das Kochbuch. „Das war sowieso zu viel! Wir brauchen nur so viel, wie zwischen zwei Finger passt."

Dann begannen Sie die Zwiebeln zu häuten und anschließend zu schneiden. Flori tränten die Augen und sie holte sich eine Taucherbrille. Dabei riss sie aus Versehen alle anderen Schwimmsachen aus dem Regal. „Macht ja nichts", sagte sie. „Können wir später wieder wegräumen!"

Als sie in die Küche kam, konnte sie wegen der Taucherbrille nicht so gut sehen und sie stieß mit der Schulter gegen das Brettchen und warf die Zwiebelschalen herunter. Sam sagte gar nichts mehr.

Es passierten auch nur noch kleine Katastrophen. Zum Beispiel landete ein wenig von den passierten Tomaten am Schrank und auch an der Wand. Sam schnitt sich am Rand der Tomatenmarkdose und brauchte dringend ein Pflaster. Genau in dem Moment als er endlich ein Pflaster gefunden hatte, kamen die Eltern nach Haus.

Als Sam und Flori sich umschauten, waren sie ziemlich entsetzt. Die Küche sah aus, wie ein Schlachtfeld. Überall lag etwas auf der Erde, überall war etwas heruntergetropft und der Tisch war auch noch nicht gedeckt.

Die Eltern lachten aber nur ganz laut: „Oh, ihr habt schon angefangen zu kochen?" Sie deckten schnell zusammen den Tisch und machten das Essen fertig.

Nach dem Essen, das von den Eltern hoch gelobt wurde und wirklich köstlich schmeckte, wollten Flori und Sam schnell in ihre Zimmer verschwinden und spielen. Doch die Mutter versperrte ihnen die Tür. „So geht das dann doch nicht! Wer gekocht und mitgegessen hat, der muss auch aufräumen."

Erst murrten die beiden, doch zusammen dauerte es gar nicht lange und die Küche war wieder blitzblank!

Warme Speisen

Reistopf für vier Kinder

Zutaten:
3 Scheiben Magerspeck
1 Zwiebel
4 mittelgroße Tomaten
1 Brühwürfel
Pfeffer
1 Teelöffel Majoran
1 Tasse Langkornreis
2 Tassen Wasser
1 Esslöffel Butter

Materialien:
Messer
Schneidbrettchen
Topf mit Deckel
Löffel

Reistopf für vier Kinder

Zubereitung:

Speck in kleine Würfel schneiden. In den Topf geben und bei ganz geringer Hitze andünsten. Immer wieder umrühren.

Zwiebeln schälen und ebenfalls in Würfel schneiden, zu dem Speck in den Topf geben. Weiter umrühren.

Tomaten waschen und in kleine Stücke schneiden. Zusammen mit Pfeffer, Majoran, Reis, Brühe und Wasser in den Topf geben. Gut umrühren. Hitze auf mittlere Stufe stellen und aufkochen lassen. Deckel auf den Topf legen und bei kleinster Hitze 20 Minuten garen lassen.

Butter unterrühren und servieren.

❗ Besonders beachten:

Wenn Sie den Deckel des Topfes anheben, kommt zunächst einmal ein Schwall heißer Luft heraus. Lassen Sie die Kinder den Deckel nicht selbst abnehmen und passen Sie auf, dass kein neugieriger Kopf in der Nähe ist. Dann kann nichts passieren.

Warme Speisen

Variationen:

Lassen Sie den Speck weg, dann haben Sie ein vegetarisches Gericht – achten Sie dann bitte auch darauf, dass Sie Gemüsebrühe verwenden.

Sie können aber auch noch viele Zutaten hinzufügen: kleine Hackfleischklöschen, Paprika, Tomaten (in Stückchen oder ganze Kirschtomaten), Mais.

Sie können auch Fisch hinzugeben. Obwohl viele Kinder den Geschmack von Fisch nicht mögen, essen sie zum Beispiel Scampi sehr gern. Auch die können sie hinzufügen.

Wenn Sie mehr in Richtung einer spanischen Paella gehen möchten, die vom Ursprung her eigentlich ein Resteessen ist, dann fügen Sie einfach Safran hinzu. Die Kinder werden begeistert sein, wenn Sie ihnen mitteilen, dass ein Kilogramm von diesem Gewürz lange Zeit teurer war als ein Kilogramm Gold und es noch heute das teuerste Gewürz der Welt ist…

Reis:

Reis ist ein Grundnahrungsmittel, das aus Asien zu uns gekommen ist. Für mehr als die Hälfte der Weltbevölkerung ist Reis das Hauptnahrungsmittel. Die hohe Bedeutung dieser Pflanze in der asiatischen Region wird dadurch deutlich, dass die Worte für Essen und Reis dieselben sind.

Die ursprüngliche Reispflanze stammt mit Sicherheit aus dem asiatischen Raum. Seit über 7.000 Jahren wird Reis als Nutzpflanze angebaut. Mittlerweile gibt es mehr als 8.000 verschiedene Reissorten. Mehr als 90 Prozent des weltweiten Reisanbaus wird heute noch immer in den asiatischen Ländern getätigt und dort auch noch zu einem großen Teil von Hand und ohne Maschinen.

Reis wird nach der Ernte meist poliert. Dadurch wird ein Häutchen, das wichtige Nährstoffe enthält entfernt. Der Reis erhält dann nur noch Kohlenhydrate und Ballaststoffe. Allerdings wäre er unpoliert im tropischen Klima nicht lange haltbar, da die äußere Schicht viel Fett enthält und somit schnell verderben würde.

Grundsätzlich wird der Reis in zwei große Gruppen eingeteilt. Die eine ist der Langkornreis. Er wird auch Brühreis oder Patna-Reis genannt. Darunter finden sich sowohl trocken kochende indische oder javanische Sorten, als auch klebrig kochende Sorten aus Japan. Die andere ist der Rundkornreis. Er wird oft unter dem Namen Milchreis angeboten.

Es gibt den Naturreis, der ungeschält ist und die Vitamine aus der dünnen Fettschicht noch besitzt und ganz viele Untergruppen und Sorten von rotem Reis bis zu Grünem.

Wildreis oder besser Wasserreis gehört zwar derselben Familie an, ist aber keinesfalls eine wilde Form von Reis, sondern einfach eine andere Art. Er kann genauso verwendet werden wie Reis.

Das Kochen von Reis ist absolut einfach. Bringen Sie die doppelte Menge gesalzenes Wasser – im Verhältnis zum Reis - zum Kochen. Also zwei Tassen Wasser auf eine Tasse Reis. Geben Sie den Reis dazu und rühren immer wieder um, damit der Reis nicht ansetzt. Wenn kein Wasser mehr im Topf ist (ein Teil verdampft, der größere Teil wird vom Reis aufgenommen), ist der Reis fertig.

Warme Speisen

Nichts gegen Kochbeutelreis, aber der wäre nun noch nicht servierfertig, denn zunächst muss man den heißen Reis aus dem heißen Kochbeutel bekommen – das ist für Kinder recht schwierig.

Für unser Gericht lässt er sich ohnehin nicht verwenden, da wir den Reis hier zusammen mit den übrigen Zutaten kochen.

Mit Milchreis können Sie schnell einen tollen Nachtisch bereiten. Auf 125 g Milchreis kommt ein halber Liter Milch. Das reicht für ungefähr vier Kinder. Lassen Sie die Milch aufkochen und geben Sie dann den Milchreis dazu. Drehen Sie die Temperatur auf schwache Hitze herunter. Rühren Sie immer wieder um. Nach ca. zehn Minuten hat sich eine breiige Masse gebildet. Nun können Sie in den heißen oder kalten Milchreis Fruchtstücke schneiden, Marmelade hinzufügen und so weiter.

Umgang mit einem scharfen Messer:

In vielen Rezepten sind Zutaten klein zu schneiden. Das ist nur mit Hilfe eines Messers möglich, eines scharfen Messers. Den Umgang damit müssen die Kinder lernen. Geben sie den Kindern kein stumpfes Messer, sondern wirklich ein scharfes oder lassen Sie sie nicht schneiden. Mit einem stumpfen Messer kann man nicht arbeiten, wendet zu viel Kraft auf und kann sich dann durch unsachgemäßen Gebrauch viel eher ernsthaft verletzen als durch den vernünftigen Umgang mit einem scharfen Messer. Zeigen Sie den Kindern, wie sie das Messer richtig halten müssen. Wie sie die Finger ihrer anderen Hand schützen können und dass sie niemals das Messer auf andere Kinder richten dürfen. Natürlich dürfen sie auch nicht mit dem Messer durch die Gegend rennen oder sonstigen Unsinn damit treiben!

Warme Speisen

Nudeln nach asiatischer Art für vier Kinder

Zutaten:
- 250 g Bandnudeln
- 1 kleine Zwiebel
- 1 Esslöffel Öl
- 1 Paprika
- Pfeffer, Salz
- 1 Esslöffel dunkle Sojasauce
- 1 Ei
- 1 Esslöffel Schnittlauch

Materialien:
- Messer
- Schneidbrettchen
- Topf
- Bratpfanne

NUDELN NACH ASIATISCHER ART FÜR VIER KINDER

Zubereitung:

Wasser in den Topf füllen, bei geschlossenem Deckel zum Kochen bringen. Bandnudeln nach Packungsanweisung kochen.

Zwiebel schälen, klein schneiden.

Wenn die Nudeln fertig sind, diese gut abtropfen lassen.

Zwiebel in Öl anbraten. Nudeln hinzufügen und gut umrühren. Pfeffer, Salz, Sojasauce, Schnittlauch und Paprika hinzufügen.

Ei unter ständigem Rühren dazugeben. Sobald das Ei gestockt ist, kann das Gericht serviert werden.

❗ Besonders beachten:

Gehen Sie mit der Sojasauce sparsam um. Zu viel schmeckt nicht gut, besonders Kinder sind da empfindlich. Würzen Sie lieber nach.

Warme Speisen

Besonderer TIPP:

Gerade bei asiatischen Gerichten sollen sich die Nudeln gut mit dem Rest vermengen, umso besser verbinden sich die verschiedenen Zutaten miteinander. Je besser sie verbunden sind und wenn man sie nicht einzeln heraus schmecken kann, desto besser schmeckt das Gericht.

Variationen:

Eigentlich können Sie alles, was Sie möchten, zu diesem Gericht hinzufügen. Es passen auch kleine Fleischstückchen dazu, Scampi, Gemüse. Wichtig ist dabei nur eines: Stellen Sie sich vor, Sie essen mit Stäbchen und haben kein Messer. Entsprechend sollten Sie die Zutaten vorbereiten, also nicht zu klein geschnitten aber auch nicht zu groß – genau mundgerecht.

Besteck:

Sicherlich waren Sie schon einmal asiatisch essen. Es werden auf Wunsch Stäbchen gereicht, ansonsten dürfen Europäer aber ruhig das Besteck nehmen. Für manche asiatischen Landesküchen ist es auch typisch, dass das Besteck, anders als bei uns, zum Hauptgericht nicht aus Messer und Gabel besteht, sondern aus Löffel und Gabel. Die richtige Handhabung ist, mit der Gabel das Essen auf den Löffel zu schieben und es dann vom Löffel zu essen. Ein Messer werden Sie am Tisch vergeblich suchen. Angeblich liegt das daran, dass Messer als Waffen gelten und daher nicht am Esstisch benutzt werden sollten. Auch die spitze Gabel wird zumindest nicht zum Mund geführt.

Eier:

Eier können Sie auf ganz verschiedene Arten verwenden.

In Wasser gekochte Eier, werden fest und Sie können diese dann als Frühstückseier oder zum Beispiel als Eier auf Brot essen.

Wenn Sie rohe Eier in eine Pfanne schlagen und nicht rühren, dann bekommen Sie Spiegeleier.

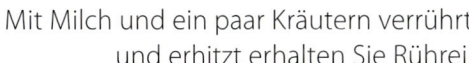

Mit Milch und ein paar Kräutern verrührt und erhitzt erhalten Sie Rührei.

Im Wasserbad erhitzt können Sie aus derselben Masse Eierstich bekommen. Sobald die Masse darin gestockt ist, lösen Sie sie heraus, schneiden sie in Stücke und geben sie zu einer Suppe.

In Kuchen und Pfannkuchen sorgen Eier dafür, dass die Masse zusammenhält und bei Erwärmung fest wird.

Genauso können Sie Eier wie in diesem Rezept dazu verwenden, die Speisen zu binden und etwas in ihrer Konsistenz zu festigen.

Warme Speisen

Asiatische Speisen:

Die Speisen der asiatischen Küche sind vielfältig und reichen von Fischgerichten über Geflügel- und Fleischgerichte bis hin zu vegetarischen Speisen. Meist bildet Reis die Hauptzutat, nur in manchen Gerichten wird dieser durch Nudeln ersetzt. Was Europäer üblicherweise unter asiatischer Küche verstehen, ist die chinesisch oder thailändisch geprägte, die komplett auf Milch- und Milchprodukte verzichtet. In der Küche Zentralasiens stehen Milch und Fleisch im Vordergrund.

In der asiatischen Küche wird teilweise sehr scharf gewürzt. In diesem Rezept verzichten wir extra darauf, da Kinder scharfe Gerichte in der Regel nicht mögen.

NUDELN NACH ASIATISCHER ART FÜR VIER KINDER

Menge:

Gerade bei asiatischen Speisen ist es angebracht über die Menge des Essens zu reden. In Asien wird immer so viel gekocht, dass es nie so aussieht, als wäre irgendein Mangel im Haus. Gleichzeitig essen die Besucher nicht alles auf, damit nicht der Eindruck entsteht, sie seien völlig hungrig gekommen.

Zum Glück ist das bei uns anders. Kochen Sie die Portionen so wie angegeben. Achten Sie aber darauf, dass die Kinder sich keine Essensberge auf den Teller türmen und diese dann nicht bewältigen können. Lassen Sie sie immer erst ein wenig probieren, bevor sie mehr nehmen. Reste können Sie noch einmal erwärmen.

Warme Speisen

Maiskolben für vier Kinder

Zutaten: 4 frische Maiskolben
2 Esslöffel Butter
Pfeffer, Salz
1 Esslöffel Majoran
1 Esslöffel geriebener Parmesankäse

Materialien: Topf, Schüssel, Gabel, Alufolie, Backblech

Zubereitung:

Die Blätter von den Maiskolben lösen. Anschließend die Fäden abziehen und die Reste des Stiels abbrechen. Die Kolben kurz waschen.

Den Ofen auf 250° C vorheizen.

Reichlich Wasser aufsetzen. Salz und einen Teelöffel Butter hinzugeben. Wenn das Wasser kocht, den Herd auf mittlere Stufe stellen und die Maiskolben zehn bis 15 Minuten darin kochen lassen.

Butter, Salz, Pfeffer, Majoran und Parmesan mit der Gabel verrühren.

Die Maiskolben abtropfen lassen und auf ein mit Alufolie ausgelegtes Backblech legen. Maiskolben gleichmäßig mit der Buttermischung einstreichen. Alufolie wie ein Päckchen um die Kolben formen und alles zusammen für zehn Minuten in den Ofen geben.

Warme Speisen

! Besonders beachten:

Wenn Sie die Maiskolbenpäckchen aus dem Ofen holen, ist es extrem heiß. Die Kinder dürfen sie auf keinen Fall anfassen. Auch nach dem Öffnen des Päckchens sind die Kolben zunächst noch sehr heiß.

Besonderer TIPP:

Probieren Sie einmal aus, die Maiskolben erst nach dem Kochen zu salzen, zum Beispiel mit der gesalzenen Butter. Statt des Salzes geben sie dann zwei Esslöffel Zucker ins Wasser. Dadurch werden die Maiskolben viel zarter und lassen sich besser vom Kolben abknabbern.

Variationen:

Sie können die Kräuterbutter mit anderen Kräutern mischen. Auch mildes Paprikapulver schmeckt gut dazu oder selbst gezüchtete Kresse. Kalte Butter lässt sich nur sehr schlecht verarbeiten. Darum ist es gut, wenn die Butter sich bei Zimmertemperatur ein wenig erwärmt, bevor Sie die Kräuter in die Butter einrühren. Am besten eignet sich dazu eine Gabel. Danach muss die Butter sofort wieder in den Kühlschrank, damit sie hart wird.

Sie können Maiskolben zu einem Fest auch auf einem Grill oder einer anderen offenen Feuerstelle braten. Passen Sie dann aber auf, dass die Aluminiumfolie keinen direkten Kontakt mit den Flammen hat. Sonst beginnt das Aluminium zu schmoren und Flammen kommen an die Kolben heran.

Zuckermais können Sie sogar roh essen, gekocht schmeckt er jedoch deutlich zarter und aromatischer.

Wenn Sie kleine Kinder haben, die mitessen wollen und die noch nicht in der Lage sind einen ganzen Kolben zu essen, können sie zwei kleine Kolben aus einem ganzen machen. Ist das immer noch zu groß, zu viel oder zu schwer zu Essen, dann können Sie für die Kinder Dosenmais in ein wenig Kräuterbutter zubereiten – das ist für sie viel einfacher zu essen.

Einkaufen:

Leider sind frische Maiskolben nicht immer erhältlich. Greifen Sie einfach auf Kolben aus der Dose zurück. In einer Dose sind meist drei oder vier Kolben. Diese müssen Sie nicht so lange kochen, sondern nur kurz im Wasser erhitzten und dann wie oben beschrieben weiterverarbeiten.

Maiskolben essen:

Maiskolben kann man zum Essen an beiden Enden mit den Händen fassen. Sie können auch rechts und links in die Kolben kleine Spieße stecken. Extra Spieße für Maiskolben haben drei Metallspitzen zum Einstechen. Wenn Sie so etwas nicht haben, dann macht das nichts. Holzspieße können Sie fast ebenso gut dafür nehmen.

Es wird aber, egal wie sehr Sie sich bemühen, hier oder da etwas tropfen. Darum ist es wichtig, dass Sie in ausreichender Menge Servietten (oder Küchenrolle) bereit legen.

Warme Speisen

Mais:

Um beim Essen keine böse Überraschungen zu erleben, müssen Sie ganz bestimmten Mais nehmen. Sie können leider nicht auf das nächstgelegene Feld gehen und dort Kolben pflücken, denn Sie können dem Mais nicht ansehen, ob es sich um Zuckermais oder um Futtermais handelt. In Deutschland gibt es sehr wenig Maisanbau. Mehr als 30% der weltweiten Produktion entfallen auf die USA. In Europa wird Mais hauptsächlich in Südeuropa aber auch in den Niederlanden und Großbritannien angebaut. In Lebensmittelgeschäften oder auf dem Markt wird aber nur sogenannter Gemüsemais oder Zuckermais angebaut und Sie laufen nicht Gefahr aus Versehen Futtermais zu kaufen.

Frischer Mais ist mit eines der gehaltvollsten Gemüse. Die Körner enthalten bis zu 72% Wasser, sowie Kohlenhydrate, Eiweiß, Fett, Mineralien und verschiedene Vitamine. Umso länger der Mais nach der Ernte und vor dem Verzehr gelagert wird, desto mehr verliert er an Süße, denn diese wandelt sich in Stärke um.

Maiskolben für vier Kinder

Warme Speisen

Yayla – türkische Reissuppe mit Joghurt für fünf Kinder

Zutaten:
1 ½ Esslöffel Reis
1 Eigelb
500 g Naturjoghurt
etwas Instantbrühe und 1 Liter Wasser oder 1 Liter selbstgemachte Gemüsebrühe
getrocknete Pfefferminze
eventuell 1 Esslöffel Mehl

Materialien: kleiner Topf, größerer Topf, Schneebesen

Yayla – türkische Reissuppe mit Joghurt für fünf Kinder

Zubereitung:

Reis mit der doppelten Menge Salzwasser, also drei Esslöffeln, so lange kochen, bis der Reis das Wasser aufgenommen hat und weich ist.

Joghurt und Eigelb mit dem Schneebesen in einem Topf gut verrühren.

Brühe dazugeben, gut verrühren und zum Kochen bringen.

Den Reis dazugeben.

Falls die Suppe zu flüssig sein sollte, Mehl mit Wasser in einem Glas verrühren und langsam unter ständigem Rühren in die Suppe geben.

Die Suppe muss immer wieder gerührt werden, sonst setzt sie sich fest.

Serviert wird die Suppe mit etwas Pfefferminze.

❗ Besonders beachten:

Diese Suppe wird, wenn sie zu flüssig erscheint, mit Mehl verrührt. Wenn das nicht gut und schnell funktioniert, dann bildet das Mehl Klümpchen, die in der Suppe nicht gut schmecken. Dem können Sie vorbeugen. Geben Sie das Mehl

Warme Speisen

in ein kleines Gefäß, das einen Deckel hat und fügen Sie die Flüssigkeit hinzu. Nun schließen Sie den Deckel und schütteln das Gefäß. Dabei lösen sich die Klümpchen auf. Mit einer Gabel können Sie noch einmal testen, ob Sie wirklich alle Klümpchen entfernt haben. Das Schütteln übernehmen Kinder ganz besonders gern – passen Sie nur auf, dass der Deckel dabei nicht aus Versehen gelöst wird und alles durch die Küche fliegt.

Rühren Sie das Mehl-Wasser-Gemisch ganz langsam mit einem Schneebesen in die Suppe ein, dann verklumpt sie nicht – bitte schnell aber vorsichtig rühren, denn sonst schwappt die Suppe über!

Dazu schmeckt:

Altbackenes Brot, in der Pfanne in Öl geröstet und etwas gesalzen, schmeckt dazu besonders gut oder Fladenbrot.

Herkunft:

Wie der Name schon sagt, handelt es sich bei dieser Suppe um ein türkisches Gericht. Hier werden einfache, selbst hergestellte, Materialien verwendet und einfache Mengenangaben genutzt. Die türkische Küche umfasst ein sehr reichhaltiges Angebot an Speisen, das eine Menge mehr bietet, als den Döner, den man an jeder Straßenecke kaufen kann. Das Essen ist nicht, wie vielleicht häufig angenommen, nur scharf, sondern kann mild und oft sehr süß sein.

Naturjoghurt:

Wenn in Rezepten der Begriff Naturjoghurt verwendet wird, ist damit ganz normaler Joghurt gemeint, der keine Geschmackszusätze hat und nicht gesüßt ist. Häufig finden Sie ihn im Kühlregal nicht beim Joghurt sondern eher in der Nähe der Milchprodukte wie Sahne.

Reste:

Fast jeder bewahrt Reste auf und viele von den Resten wandern dann irgendwann in den Müll. Stellen Sie die Reste im Kühlschrank so auf, dass sie in Ihrem Blickfeld sind, wenn Sie den Kühlschrank öffnen. Frieren Sie nichts ein, was nicht mindestens für eine Portion reicht. Und etwas, das niemandem geschmeckt hat, wird auch nach ein paar Tagen niemandem schmecken.

Rezepte tauschen – Elternkochkurs:

In jeder Familie gibt es Lieblingsrezepte. Tauschen Sie diese aus und kochen Sie gemeinsam. Das kann großen Spaß machen und dabei lernen Sie neben neuen und unbekannten Rezepten auch andere Menschen kennen.

Organisieren Sie vielleicht einen Elternkochkurs im Kindergarten oder in der Schule. So lernen Sie sich gegenseitig auf ganz andere Art und Weise kennen.

Sie lernen dabei auch Tricks und Kniffe kennen, die Ihnen bisher noch unbekannt waren.

Oder Sie organisieren einmal in der Woche, einmal im Monat, ein gemeinsames Frühstück für die Kinder, das immer von anderen Eltern zusammen ausgerichtet wird. Sprechen Sie dies aber in jedem Fall mit Lehrern/Lehrerinnen bzw. Erziehern/Erzieherinnen der Kinder ab und richten Sie sich nach den vorgegebenen Zeiten. Ein Frühstück in der Schule darf in der Regel nicht länger als 10 bis 15 Minuten dauern.

Milchreis für drei Kinder

Zutaten:
½ Liter Milch
Salz
2 Esslöffel Zucker
125 g Milchreis (Rundkornreis)
50 g Butter
1 Päckchen Vanillezucker
2 Esslöffel gemahlener Mohn
1 Zitrone

Materialien: Topf, Löffel, Schneebesen, Zitronenpresse, Bratpfanne

Milchreis für drei Kinder

Zubereitung:

Milch in einen Topf schütten, Salz und Zucker hinzufügen. Aufkochen.

Den Milchreis in die kochende Milch geben. Die Hitze auf kleine Stufe reduzieren und 40 Minuten zugedeckt köcheln lassen. Immer mal wieder umrühren.

Kurz bevor der Reis gar ist, die Butter in einer Pfanne erhitzen, mit dem Schneebesen aufschäumen und den Mohn und den Vanillezucker einrühren.

Die Zitrone auspressen und den Reis damit abschmecken. Den Reis in Schälchen abfüllen. In der Mitte immer eine kleine Mulde bilden, in welche die Mohnbutter gegossen wird.

! Besonders beachten:

Denken Sie daran immer wieder umzurühren. Sonst brennt der Milchreis ganz schnell an und dann schmeckt er nicht mehr. Wenn Sie den Deckel anheben, wird zunächst einmal ein Schwall heißer Luft aus dem Topf kommen. Passen Sie auf, dass die Kinder nicht in den heißen Dampf fassen.

Warme Speisen

Für den Milchreis ist es besser, wenn so wenig Dampf wie möglich entweicht. Das ist aber beim Kochen mit Kindern nicht möglich. Nehmen Sie darum den Deckel ganz ab, warten Sie eine Weile und rühren dann erst um. Sollte am Ende zu wenig Flüssigkeit im Topf sein, müssen Sie noch ein bisschen Milch hineingeben.

Besonderer TIPP:

Benutzen Sie einen möglichst breiten Topf mit Deckel für den Milchreis. Dann kann die Flüssigkeit der Milch schneller verdampfen als in einem kleineren Topf.

Variationen:

Sie können diesen Milchreis auch mit Früchten zubereiten. Dabei ist es relativ egal, ob Sie frisches Obst (zum Beispiel Äpfel, Birnen oder Beeren) oder ob Sie Kompott (zum Beispiel Pflaumen oder Beeren) nehmen. Die Früchte können Sie sowohl warm als auch kalt in den warmen Milchreis geben. Sie können sie auch in der Mohnbutter erwärmen.

Es gibt auch die Möglichkeit Zucker und Zimt zu dem Milchreis anzubieten. Denken Sie aber bitte daran, Ceylonzimt zu verwenden! (Vgl. dazu S. 223)

Abneigung:

Es gibt immer wieder Kinder, die das eine oder andere Essen einfach nicht mögen. Gerade warme Milchprodukte, zu denen der Milchreis zählt, lehnen einige Kinder ab.

Zwingen Sie niemanden zum Essen. Machen Sie den Kindern den Vorschlag, dass sie ein ganz kleines bisschen probieren. Wenn es dann doch schmeckt, dürfen die Kinder natürlich noch mehr bekommen – wer es überhaupt nicht mag, der muss natürlich nichts essen. Und wem schon der Geruch zuwider sein sollte, der darf auf das Probieren verzichten.

Wichtig ist jedoch auch, dass niemand sich abfällig über das Gekochte äußern sollte. Wer etwas nicht mag, der muss es nicht essen, darf es aber niemandem anderes vermiesen. Machen Sie den Kindern klar, dass jeder einen anderen Geschmack hat, so wie jeder eine andere Lieblingsfarbe hat. Die Kinder müssen lernen, das zu respektieren und dürfen sich nicht abfällig äußern oder lustig machen.

Vanillezucker - Vanillinzucker:

Im Handel gibt es Vanillezuckerpäckchen zu kaufen, in denen sich ungefähr 20 g befinden. Dieser Zucker gibt einen recht intensiven Geschmack. Die Päckchen sind in der Regel im Fünferpack zu kaufen. Neben Vanillezucker gibt es noch Vanillinzucker. Der Unterschied besteht darin, dass Vanillinzucker aus naturidentischen Materialien hergestellt ist. Der Vanillegeschmack ist also nicht aus der Vanilleschote gewonnen, sondern künstlich hergestellt worden.

Mohn:

Mohn können Sie gemahlen kaufen oder ihn selbst mahlen. Es gibt dafür spezielle Mohnmühlen. Wenn Sie keine besitzen, können Sie ihn mit einer elektrischen Kaffeemaschine mahlen. Das macht zwar eine ganze Menge Krach – aber die Kinder werden begeistert sein!

Mahlen Sie aber immer nur den Teil, den sie wirklich brauchen, denn durch den hohen Fettanteil des Mohns wird der Rest sonst ganz schnell ranzig.

Warme Speisen

Unbehandeltes Obst:

Gerade Zitrusfrüchte werden sehr oft gespritzt und mit Schädlingsbekämpfungsmitteln behandelt. Durch die dicke Schale dringt wenig in das Fruchtinnere. Für manche Gerichte eignet sich jedoch die Schale sehr gut als Zutat. Wenn diese nicht wirklich unbehandelt ist, darf man sie nicht verwenden. Unbehandeltes Obst ist extra als solches ausgewiesen. Wenn Sie die Schale verwenden wollen, nemen Sie wirklich nur solches – aber auch sonst ist es sinnvoll, unbehandeltes Obst zu verwenden!

Denken Sie aber daran, dass die Schale vor dem Gebrauch gut gewaschen werden muss. Unbehandelt ist nicht gleichzusetzen mit sauber!

Beim Auspressen kann es passieren, dass aus der Zitrone Kerne mit in den Saft rutschen. Nehmen Sie diese Kerne heraus, bevor Sie den Saft weiterverwenden. Gerade Kinder finden es sehr unangenehm, auf einen sehr bitter schmeckenden Kern zu beißen.

Rührlöffel:

Es gibt wie bei jedem anderen Werkzeug die Möglichkeit ganz verschiedene Löffel zu verwenden! Natürlich können Sie zum Umrühren im Zweifelsfall einen ganz normalen Löffel nehmen, doch ein Rührlöffel hat einen langen Stiel und Sie und Ihre Kinder kommen dadurch mit den Händen nicht ganz so nah an das heiße Kochgut.

Es gibt reine Kunststofflöffel, die lassen sich leicht in der Spülmaschine reinigen, sind aber nicht für den Kontakt mit heißem Fett geeignet, es sei denn, sie bestehen aus speziellem hitzebeständigem Material.

Rührlöffel aus Holz sind besonders für den Gebrauch in beschichteten Pfannen geeignet, da sie weicher sind als Kunststoff- oder Metalllöffel und daher den Boden nicht zerkratzen. Allerdings sind sie schwieriger zu reinigen und dürfen in der Regel nicht in die Spülmaschine, weil sie in dieser durch den ständigen Kontakt mit Wasser aufquellen können.

Warme Speisen

Hackkartoffeln für vier Kinder

Zutaten:
2 kg gleichmäßig große Kartoffeln
40 g durchwachsener Räucherspeck
1 kleine Zwiebel
1 Esslöffel Öl und etwas Öl für die Form
125 g gemischtes Hackfleisch
Salz
Pfeffer
1 Esslöffel Thymian
1 Ei
3 Esslöffel geriebener Käse

Materialien: Topf, Messer, Schneidbrettchen, kleiner Löffel, Bratpfanne, Löffel, Schüssel, Schneebesen, Auflaufform

Zubereitung:

Die Kartoffeln säubern und in Salzwasser kochen. Danach pellen und mit einem kleinen Löffel aushöhlen.

Den Speck in kleine Würfel schneiden. Zwiebeln schälen und ebenfalls in kleine Würfel schneiden. Beides zusammen mit Öl in der Pfanne anbraten. Das Hackfleisch dazugeben und unter Rühren kurz anbraten. Mit Salz, Pfeffer und Thymian würzen.

Warme Speisen

Das herausgelöste Kartoffelfleisch ebenfalls würfeln und dazu geben. Das Ei in eine Schüssel geben und mit dem Schneebesen verquirlen. Ebenfalls zu der Hackfleischmasse geben. Gründlich vermengen. Die Masse in die Kartoffeln verteilen und Käse darüberstreuen.

In eine gefettete Auflaufform stellen und dann bei 200°C im Ofen 25 Minuten gratinieren.

! Besonders beachten:

Beim Aushöhlen der gekochten Kartoffeln muss man sehr vorsichtig sein, denn sonst zerbrechen die Kartoffeln. Sie sollten beim Aushöhlen nicht gequetscht oder gedrückt werden. Am besten legen Sie sich die Kartoffel ohne zu drücken in die Hand und höhlen sie mit einem Löffel in der anderen Hand aus. Sollte doch einmal eine Kartoffel zerbrechen, dann können Sie einfach aus einem Stück Alufolie eine kleine Schale in Kartoffelform bauen und die gebrochenen Stücke damit zusammenhalten.

Besonderer TIPP:

Mehlig Kochende Kartoffeln oder halbfestkochende eignen sich nicht so gut für dieses Gericht. Nehmen Sie festkochende, die sind am stabilsten. Suchen Sie möglichst gleichgroße Kartoffeln aus, denn sonst brauchen einige viel länger, um gar zu werden. Bei Pellkartoffeln löst sich die Schale nach dem Kochen fast von selbst. Aber sie sind sehr heiß, wenn sie aus dem Topf kommen. Mit einem Topflappen kann man eine Kartoffel schlecht festhalten. Es ist aber möglich, mit einer Gabel in die Kartoffel hineinzustechen. Die Stelle in die hinein gestochen wurde, sollte die sein, an der die Kartoffel dann aufgeschnitten wird.

Variationen:

Statt Hackfleisch und Speckwürfeln können Sie eine vegetarische Variante wählen. Blanchieren Sie Gemüse (wie auf Seite 195 beschrieben). Legen Sie es dann vermischt mit Käse in die Kartoffel und verfahren Sie so, wie im Rezept beschrieben.

Einige Kinder mögen keine Zwiebeln. Außerdem ist es ziemlich schwierig Zwiebeln zu schneiden. Sie können die Zwiebeln durch Frühlingszwiebeln ersetzen. Die erzeugen beim Schneiden nicht solch beißende Dämpfe und sie sind viel milder im Geschmack, vergleichbar mit Schnittlauch.

Thymian:

Dieses Gewürz bevorzugt einen nährstoffarmen und sandigen Boden an hellen und trockenen Standorten. Man kann es in Mauerritzen finden. Thymian hat sehr kleine Blätter und hell lila Blüten.

Er wächst als mehrjähriger Halbstrauch. Das bedeutet, dass die unteren Triebe leicht verholzen, während die Spitzen noch grün und frisch sind. Die Ernte sollte vor der Blüte stattfinden – in den Monaten Mai bis Juni. Nach der Blüte ist er noch genießbar, aber der Geschmack ist nicht mehr so intensiv. Obwohl das hauptsächliche Verbreitungsgebiet im Mittelmeerraum liegt, kann Thymian an warmen Plätzen auch bei uns angebaut werden. Mischen Sie der Erde ein wenig Sand bei, wenn Sie ihn in einem Kräutergarten anpflanzen möchten. Dann haben Sie mehrere Jahre Freude daran.

Thymian wird frisch oder getrocknet in der Küche eingesetzt.

Warme Speisen

Räucherspeck:

Als Speck wird das Fettgewebe von Schweinen bezeichnet, das sich zwischen Haut und Muskeln befindet. Für dieses Gericht sollte der Speck durchwachsen sein. Das bedeutet, dass sich ein wenig Schinken darin befindet. Wenn dieser Speck geräuchert wurde, dann schmeckt er wesentlich intensiver.

Wenn Sie beim Schneiden entdecken, dass sich Knorpel im Speck befinden, dann schneiden Sie diese gleich heraus. Kinder mögen es meistens nicht, wenn sie auf Knorpel beißen.

Hackfleisch:

Das Hackfleisch sollten Sie nicht als einen kompletten Klumpen in die Pfanne geben. Geben Sie es in kleinen Teilen in die Pfanne und rühren Sie dabei ständig um. Dann ist es viel feiner und lässt sich besser vermengen.

Warme Speisen

Pirateninseln

Zutaten pro Kind:
1 Kartoffel
1/4 Salatgurke
2 kleine Würstchen
Fett für die Pfanne
1 Prise Salz
10 g Butter
20 ml Milch

Materialien: Topf, Messer, Kartoffelstampfer, Bratpfanne, Pfannenwender

Pirateninseln

Zubereitung:

Salzwasser zum Kochen bringen und die Kartoffeln ins Wasser geben.

Die Würstchen mit einem Messer an einem Ende in Kreuzform bis zur Hälfte einschneiden. Gurke in kleine Stangen schneiden.

Wenn die Kartoffeln fertig sind, pellen und in einen Topf geben. Kartoffeln klein stampfen. Mit Salz, Milch und Butter zu einem Brei verrühren. Ganz schwach erhitzen, von der Kochstelle nehmen und Deckel auf den Topf legen.

Fett in der Pfanne erhitzen, Würstchen dazu geben und braten.

Kartoffelbrei als Insel auf den Teller geben. Die Würstchenpalmen dazu stecken und ein bisschen Gurkengras darum aufbauen.

Warme Speisen

❗ Besonders beachten:

Den Kartoffelbrei mit der Hand stampfen oder mit der Gabel zerdrücken. Nehmen Sie auf keinen Fall einen Pürierstab. Auch wenn das schneller geht, wird der Brei wie Kleister. Das liegt daran, dass beim Pürieren das Klebereiweiß aus den Kartoffeln austritt, weil die Stärkezellen aufgebrochen werden.

Besonderer TIPP:

Nehmen Sie für den Brei mehlig kochende Kartoffeln, die zerfallen besser und ergeben eine gute Konsistenz.

Variationen:

Wenn Sie den Kartoffelbrei nicht selber machen möchten, können Sie selbstverständlich auch Brei aus einer Tüte verwenden. Der ist innerhalb von wenigen Minuten angerührt. Sie brauchen dazu in der Regel nur etwas gesalzenes Wasser und ein wenig Milch. Fügen Sie trotzdem noch ein Stückchen Butter hinzu, dann schmeckt der Brei cremiger.

Würstchen:

Sie können Nürnberger Bratwürstchen nehmen oder andere kleine Würstchen. Es gibt auch Geflügelwürstchen in dieser Größe. Größere Würstchen sollten Sie nicht nehmen, denn die Kinder schaffen es in der Regel nicht, mehr als ein oder zwei von den kleinen Würsten zu essen. Mit größeren Würsten wären sie einfach überfordert und Sie müssten zu viele Reste wegwerfen. Bleiben doch noch Würstchen übrig, dann schneiden Sie diese klein und braten sie am nächsten Tag noch einmal in ein wenig Fett an - sie schmecken dann noch genauso gut.

Kinderfest:

Dieses Essen eignet sich super für eine Piratenparty.

So passt auch das Essen thematisch zum Tag.

Warme Speisen

Braten in der Pfanne:

Wenn Sie Fett in der Pfanne erhitzen, müssen Sie ein wenig abwarten, bis es die richtige Temperatur erreicht hat, bevor Sie das Bratgut dazugeben. Ob die richtige Temperatur erreicht worden ist, kann man mit einem Tropfen Wasser prüfen. Feuchten Sie einen Finger ein wenig an und lassen Sie einen Tropfen in die Pfanne fallen. Wenn es zischt und der Tropfen gleich verdampft, dann ist die Temperatur richtig und Sie können das Bratgut hineingeben. Wenn Sie das zu früh tun, dann löst sich zu viel Wasser aus dem Bratgut, es wird zäh und schmeckt nicht mehr so gut. Warten Sie zu lange, wird das Fett braun und eignet sich nicht mehr zum Braten. Putzen Sie die Pfanne in dem Fall mit reichlich Küchenkrepp aus und beginnen Sie erneut.

Eine Bratpfanne sollten Sie immer nach dem Gebrauch mit Küchenkrepp auswischen, um so das Fett aufzunehmen. Um Fett aus dem Wasser zu entfernen, muss in Klärwerken viel Aufwand betrieben werden. Den können Sie durch diese einfachen Maßnahmen ein wenig reduzieren.

Piratengeschichte:

Zum Essen können Sie den Kindern eine Geschichte erzählen. Hier bietet sich natürlich eine Piratengeschichte an. Sie darf nicht zu spannend sein, denn sonst vergessen die Kinder das Essen und einige können anschließend vielleicht gar nicht mehr schlafen – darum kommt hier eine sehr nette Piratengeschichte!

Es ist schon einige Jahre her, da fand ein ganz normaler Junge zu Hause in seinem Briefkasten einen Brief. Der Junge hieß Tim und weil auf dem Brief stand „An den fürchterlichen unerschrockenen Piraten Tim" und sonst niemand in dem Haus wohnte, der Tim hieß, musste der Brief wohl für ihn sein.
Tim steckte ihn erst mal in seine Tasche, dann lief er in sein Zimmer und kletterte in sein Bett. Vorsichtig öffnete er den Umschlag. Heraus fiel ein langer Brief.
„Lieber Tim", stand da. „Sicherlich wunderst du dich über diesen Brief, denn bis heute hast du bestimmt nicht gewusst, dass du ein waschechter Pirat bist!" Tim las weiter, dass seine Mutter eigentlich auch eine Piratin war, aber keine Lust auf das Piratenleben gehabt hatte und dass der Schreiber des Briefes kein anderer war als sein Großvater, der gefürchtete Pirat Kapitän Schwarzauge. Tim sollte mit der Einwilligung seiner Eltern seine Ferien bei ihm auf dem Schiff verbringen.
Es war natürlich nicht anders zu erwarten, als dass Tim einige Wochen später glücklich und total aufgeregt das Schiff betrat. Allerdings war er schon ziemlich enttäuscht. Denn das Schiff sah gar nicht aus, wie sich Tim ein Piratenschiff vorgestellt hatte und auch sein Opa sah aus, wie ein ganz normaler Kapitän.
Aber kaum hatte das Schiff den Hafen verlassen, da ging es auf eine wilde Fahrt. Kapitän Schwarzauge zeigte Tim die Insel, auf der er seinen Schatz vergraben hatte und er fuhr mit ihm an alten Schiffen vorbei, die vor langer Zeit auf Grund gelaufen waren. Sie kaperten auch ein Schiff, aber nur so lange bis ihnen der Kapitän des anderen Schiffes zwei große Eis gebracht hatte, dann ließen sie es wieder weiterfahren.
Sonst lagen sie in der Sonne, putzten die Planken und fingen Fische. Und wenn das Meer ganz warm war, dann gingen sie zusammen schwimmen.
Tim war ganz schön traurig als die Ferien zu Ende waren. Er war sich sicher: in den nächsten Ferien wollte er seinen Opa auf jeden Fall wieder besuchen und wenn er groß war, dann wollte er das Schiff übernehmen. So ein richtiger Pirat kann ja auch gar nichts anderes machen!

Kalte Speisen

Karottendip für vier Hasen

Zutaten: 1 Zitrone
4 Karotten
Petersilie, Schnittlauch, Kresse, Bärlauch
1 Prise Salz
200 g Joghurt
2 Esslöffel Öl

Materialien: Zitronenpresse, Messer, Schneidbrettchen, Löffel, Schüssel, Schälchen

Karottendip für vier Hasen

Zubereitung:

Zuerst die Zitrone in zwei Hälften schneiden und auspressen.

Die Karotten säubern, eventuell schälen und in Streifen schneiden. Danach mit einem Teil des Zitronensafts beträufeln und kühl lagern.

Die Kräuter waschen und fein zerkleinern. Zusammen mit dem Joghurt, dem Öl, dem restlichen Zitronensaft und dem Salz verrühren und in Schälchen zusammen mit den Karottenstreifen servieren.

Guten Appetit!

❗ Besonders beachten:

Wenn Sie wissen, wo diese Möhren gewachsen sind, also sicher sind, dass es sich um Bioprodukte handelt, die nicht mit irgendwelchen Mitteln behandelt wurden, dann reicht es, wenn sie die Möhren gut reinigen und die unansehnlichen Stellen herausschneiden. Sind Sie nicht sicher, dann schälen Sie die Möhren lieber.

Kalte Speisen

Zitronen lassen sich besser auspressen, wenn Sie diese vorher mit ein wenig Druck rollen.

Besonderer TIPP:

Für die Kinder ist es sehr spannend, wenn Sie die Möhren selbst anpflanzen dürfen. Sie können den Samen von März bis Juni aussähen. Die Aufzucht von Möhren dauert recht lange, ca. 130 Tage. Aber selbstverständlich schmecken selbst angepflanzte Möhren viel besser als gekaufte. Die Saattiefe für Möhren beträgt ungefähr zwei Zentimeter.

Wenn Sie einen Gemüsegarten anlegen, können Sie auch Kräuter anpflanzen. Prüfen Sie – vielleicht mit einem kundigen Fachmann – was sich am besten eignet. Wenn Sie nicht viel Platz haben, dann können Sie auch Pflanzen in einem Blumenkasten oder in Blumentöpfen am Fenster ziehen.

Ganz besonders eindrucksvoll für Kinder ist es, Kresse zu ziehen. Die wächst in einem kleinen Behälter auf Watte oder Küchenpapier, wenn es schön feucht gehalten wird. Innerhalb von ein paar Tagen haben Sie eine reiche Ernte.

Variationen:

Das Rezept können Sie leicht abwandeln. Sie müssen nicht nur die angegebenen Kräuter verwenden. Wenn Sie mehr zur Verfügung haben, oder das eine oder andere fehlt, dann können Sie beliebig variieren. Auf Knoblauch und Zwiebeln verzichten wir hier absichtlich, da diese im rohen Zustand für die meisten Kinder zu stark im Geschmack sind.

Wenn Sie möchten, können Sie auch noch weiteres rohes Gemüse zum Dippen anbieten. Besonders gut eignen sich Kohlrabi, Gurken, Tomaten oder Paprika. Auch Vollkornbrot kann man in den Dip tauchen. Bitte daran denken: Gemüse entweder gut waschen oder schälen!

Bärlauch:

Bärlauch ist in den vergangenen Jahren wieder in Mode gekommen. Es handelt sich dabei um ein Kraut, das mit dem Knoblauch und dem Schnittlauch verwandt ist und ganz mild nach Knoblauch schmeckt. Den Namen hat es tatsächlich von den Bären. Denn wenn diese aus dem Winterschlaf erwachen, dann gehört der Bärlauch zu ihrer ersten Nahrung. Wenn Sie Bärlauch verwenden, sollten Sie den Kindern dies erzählen, denn so prägt sich bei ihnen der Name auf jeden Fall ein.

Vorsicht aber, wenn Sie selbst sammeln! Die jungen Pflanzentriebe haben starke Ähnlichkeit mit Herbstzeitlosen und Maiglöckchen, beides hochgiftige Pflanzen!

Speisesalz:

Salz kostet nicht viel Geld und ist extrem ergiebig. Es gibt Salze, die angereichert sind. Angereichert wird das Salz mit folgenden Stoffen: Jod, Fluorid oder Folsäure.

Jod ist gerade in Gegenden wichtig, in denen wenig Jod in der Luft enthalten ist – das ist überall dort der Fall, wo man keine Meeresluft atmet.

Jod beugt Schilddrüsenerkrankungen vor. Fluorid stärkt die Zähne und Knochen. Viele kleine Kinder bekommen es solange bis alle Zähne vorhanden sind. In den USA ist das Trinkwasser mit Fluorid versetzt, um Karieserkrankungen vorzubeugen. Folsäure ist vor allem Schwangeren bekannt, da sie einen großen Bedarf daran haben und häufig mit zusätzlichen Präparaten versorgt werden. Es beugt bestimmten Fehlbildungen

Kalte Speisen

vor. Außerdem spielt es eine Rolle bei der Blutgewinnung und soll Herz- und Kreislauferkrankungen mindern. Trotz allem sollten Sie mit Salz sparsam umgehen, da ein Zuviel an Salz zu einem ungesund hohen Blutdruck beitragen kann!

Möhren oder Karotten:

Wie heißt es nun wirklich – Möhren oder Karotten? Das Wort „Möhren" bezeichnet eine große Familie, zu der viele wilde Möhrengewächse gehören, die nicht alle essbar sind. Es gibt aber auch viele essbare Vertreter in allen möglichen Farben und Formen. Am bekanntesten sind bei uns die orange-gelblichen länglichen. Beide Namen werden inzwischen gleichwertig verwendet und daneben gibt es in unterschiedlichen Regionen noch viele weitere, wie Mohrrübe, Gelbe Rübe oder Rüebli.

Servieren:

Es handelt sich hier um „Fingerfood" zum Dippen. Das bedeutet, die Gemüsestücke werden mit der Hand gegessen und in den Jogurt eingetaucht. Sind mehrere Kinder beim Essen dabei, dann ist es besser, wenn jeder einen kleinen Klecks von seinem Dipp auf den Teller nimmt.

Möhrenziehen:

Ein Spiel für einen Kindergeburtstag

Möhren sitzen fest im Boden. Zum Herausziehen muss man das Kraut um die Hand wickeln und kräftig ziehen. Ganz ähnlich ist das bei diesem Spiel auch.

Alle Kinder sind Möhren. Sie liegen auf dem Fußboden und halten sich gut aneinander mit den Armen fest. Nun muss ein Erwachsener versuchen die Kinder herauszuziehen. Klappt das an einer Stelle nicht so wie gewünscht, versucht er es bei einem anderen Kind.

Karottendip für vier Hasen

Am besten lässt sich dieses Spiel auf einem Holzfußboden oder einem anderen glatten Fußboden durchführen. Ein Teppich ist ungeeignet. Unterstützt werden kann das Rutschen durch Teppichfliesen, die mit der Teppichseite nach unten auf den glatten Boden gelegt werden.

Möhren, die herausgezogen wurden, scheiden aus und dürfen vielleicht schon am Tisch Platz nehmen und dort den leckeren Möhrendip verspeisen.

Kalte Speisen

Viele bunte Schiffchen für vier Seefahrer

Zutaten: 2 Eier
1 Gurke
ein paar Salatblätter
4 Tomaten
12 Scheiben Pumpernickel, runde oder dreieckige

Materialien: Topf, Messer, Schneidbrettchen, Kartoffelschäler, kleine Holzstäbe

Zubereitung:

Eier kochen.

Salatblätter und Tomaten waschen. Gurke schälen.

Zwei Tomaten in Scheiben schneiden, zwei Tomaten in Viertel schneiden.

Gurke in Scheiben schneiden.

Eier abschrecken, Schale entfernen und in Viertel schneiden.

Schiffe aus den vorhandenen Lebensmitteln zusammenstecken. Der Phantasie sind dabei keine Grenzen gesetzt.

❗ Besonders beachten:

Damit die Eier beim Kochen nicht platzen, stechen Sie diese oben und unten mit einer Nadel ein. Damit sie nicht auslaufen, geben Sie einen Schuss Essig ins Wasser.

Die Eier müssen Sie richtig hart kochen. Um energiesparend zu arbeiten, braucht das Wasser im Topf nur ein paar Zentimeter hoch zu stehen. Wählen Sie

Kalte Speisen

einen möglichst kleinen Topf. Unbedingt erforderlich ist ein Deckel, damit die kleine Wassermenge nicht vorzeitig verdampft.

Besonderer TIPP:

Vielleicht gibt es in Ihrer Nähe einen Bauernhof, auf dem Sie sich mit den Kindern die Hühner anschauen und Eier kaufen können. Das ist für Kinder viel eindrucksvoller, als wenn Sie die Eier nur im Supermarkt kaufen. Außerdem können Sie so sicher sein, dass es sich um Eier von frei laufenden Hühnern handelt. Eventuell kommt zu Ihnen aber auch ein Eiermann oder eine Eierfrau und sie können die Eier dort kaufen. Lassen Sie die Kinder ruhig fragen, woher die Eier stammen. Das können Sie auch auf dem Markt tun.

Frische Eier:

An den Eiern selbst lässt sich durch einen einfachen Trick erkennen, ob sie schon alt oder noch frisch sind. Um das einmal auszuprobieren, lassen Sie ein Ei für einige Tage liegen. Legen Sie ein frisches Ei und das alte Ei zusammen ins Wasser. Während das frische Ei unten liegen bleibt, richtet sich das alte Ei auf, bzw. schwebt im Wasser. Das liegt daran, dass bei einem älteren Ei mehr Luft im Inneren vorhanden ist und Eigelb und Eiweiß sich zusammenziehen.

Man kann auch ganz einfach testen, ob ein Ei gekocht ist oder noch roh. Dazu drehen Sie es vorsichtig auf einer glatten Unterlage. Beim rohen Ei schwappt das Eigelb im Eiweiß hin und her, das Ei fängt an zu eiern und wird sehr schnell langsam. Ganz anders das gekochte Ei. Da sich hierin fester Stoff befindet, dreht es sich viel schneller. Aber bitte vorsichtig, damit kein rohes Ei auf den Boden fällt.

Salmonellen:

Salmonellen sind Krankheitserreger, die auf rohem Fleisch, Geflügel und auch bei Eiern auftreten können, sowohl auf der Schale als auch im rohen Ei selbst. Sie können schwere Infektionen auslösen. Sehen kann man sie nicht! Um sich vor ihnen zu schützen, hilft Hygiene in der Küche und Hitze! Seien Sie von Anfang an strikt im Umgang mit rohen Eiern!

Fassen Sie die Eier nur an, wenn sie wirklich gebraucht werden. Rohe Eier sollten Sie immer im Kühlschrank lagern und auf kurze Transportwege achten – bei gekochten Eiern ist das nicht mehr nötig.

Sie sollten rohe Eier nicht durch die ganze Küche rollen lassen oder schlimmer noch, auf die Tomaten legen. Befördern Sie sie vom Kühlschrank aus direkt in den Topf, in dem sie gekocht werden sollen. Wer Eier angefasst hat, wäscht sich sofort die Hände mit Seife. Das reicht aus, um eventuell vorhandene Salmonellen zu entfernen. Reinigen Sie alle Geräte, die mit den Eiern in Verbindung gekommen sind, unter fließendem heißem Wasser, oder geben Sie sie in die Spülmaschine. Landet ein Ei auf dem Boden, sollten Sie es mit Küchenpapier und Geschirrspülmittel wegwischen.

Sollten Sie einmal rohe Eier, zum Beispiel für einen Kuchen, benötigen, dann schlagen Sie diese vorsichtig auf, damit nichts auf dem Tisch landet und entsorgen die Schalen sofort. Waschen Sie Rührstäbe, Schüssel usw. gleich ab und lassen Sie auch die Kinder nichts ablecken! Probiert wird grundsätzlich nicht, wenn Sie rohe Eier verwenden.

Pumpernickel:

Pumpernickel ist ein sehr traditionelles Brot. Es wird heute allerdings nicht mehr nach dem Originalrezept produziert, denn das sieht einen Backvorgang von bis zu 24 Stunden und mehr vor. Die Backzeit hat man heute auf ungefähr die Hälfte reduziert. Ursprünglich kommt das Brot aus Westfalen. Dort wurde es als schwarzes Brot bezeichnet. Es war kein Brot für „feine Leute". Man kann es heute allerdings kaum noch in Bäckereien kaufen, sondern nur abgepackt im Supermarkt. Erzählen Sie den Kindern die Geschichte vom alten Brot aus der Zeit der Ritter – das macht neugierig!

Kalte Speisen

Seine Bestandteile sind Salz, Wasser und Roggenschrot bzw. Vollkornroggenschrot. Die schwarze Färbung wird heutzutage meist durch Zuckerrübensirup erreicht. Dieses Brot unterstützt die Verdauung.

Tomaten:

Tomaten sind Nachtschattengewächse, die es inzwischen in vielen Formen und auch Farben zu kaufen gibt. Die Zeit, in der nur rote, runde Tomaten auf dem Markt waren, ist endgültig vorbei. Es gibt ca. 2500 angemeldete Sorten, die einen eigenen Namen haben. Da viele Züchtungen nicht angemeldet werden, geht man davon aus, dass es insgesamt mindestens doppelt so viele Sorten gibt. Probieren Sie ruhig verschiedene aus.

Besonders wichtig ist die Lagerung von Tomaten. Sie sollten sie nicht im Kühlschrank aufbewahren. Die beste Temperatur liegt zwischen 13 und 18° C. Sie halten sich bis zu 14 Tage. Sie verlieren deutlich an Geschmack, Festigkeit und Haltbarkeit, wenn sie gekühlt werden.

Lagern Sie die Tomaten getrennt von anderem Gemüse, denn sie scheiden das Gas Ethen aus, das die Reifung anderer Gemüse- und Obstsorten beschleunigen kann.

Die Tomate ist wegen ihrer vielen guten Inhaltsstoffe, wie Vitaminen, Kalium, Calcium und Magnesium, sehr gesund.

Wenn Sie selbst Tomaten anpflanzen wollen, nehmen Sie einfach die Kerne der Tomaten, die den besten Geschmack haben und lassen Sie diese auf Küchenkrepp trocknen.

Schiffsrallye:

Schon mit zwei Kindern können Sie eine kleine Schiffsrallye veranstalten. Dazu benötigen Sie nur ganz wenig Material und Sie können im Haus oder draußen spielen.

Jedes Kind bastelt ein kleines Papierschiffchen. Wichtig dabei ist, dass die Schiffe stehen können und nicht umfallen. Die Kinder können die Schiffe auch anmalen. Nun werden die Schiffe an gleichlange Wollfäden geknotet. Die Fäden sollten so lang sein, dass die Schiffe daran von einer Zimmerseite bis zur anderen gezogen werden können.

Das andere Ende jedes Fadens wird an einen Stift geknotet und ein paar Mal darum gewickelt, damit der Faden beim Drehen des Stiftes nicht abrutscht.

Eine Startposition und eine Zielposition werden festgelegt. Die Wollfäden sind gespannt und auf ein Kommando beginnen die Kinder die Fäden aufzuwickeln. Der Kapitän, dessen Schiff am schnellsten im Ziel ankommt, hat gewonnen.

So können Schiffe auch in einem kleinen Pool oder auf einem See schwimmen.

Milchshake für eine Person

Zutaten:
1 Banane oder 75 g Himbeeren oder 75 g Erdbeeren
150 ml Milch
75 g Naturjoghurt
1 Esslöffel Honig
Saft einer halben Zitrone

Materialien:
Messer
Schneidbrettchen
Rührbecher
Pürierstab
Gläser

MILCHSHAKE FÜR EINE PERSON

Zubereitung:

Obst schälen oder waschen und zerkleinern.
Alle Zutaten in den Rührbecher geben.
Mit dem Pürierstab alles zerkleinern und dabei vermengen.
In Gläser füllen.

❗ Besonders beachten:

Mit dem Pürierstab zu arbeiten ist in der Regel nicht schwer. Allerdings kann er auch zu einem gefährlichen Gerät werden. Niemand darf mit den Fingern am Schneidwerk arbeiten oder noch schlimmer, das Schneidwerk ablecken. Wenn das Gerät nicht an den Strom angeschlossen ist, kann zwar nichts passieren, dennoch sollten Sie das von vorne herein verbieten.

Kalte Speisen

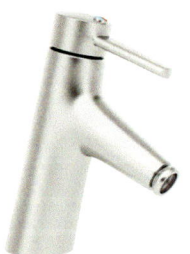

Besonderer TIPP:

Das Obst müssen Sie reinigen. Tun Sie das kurz unter kaltem, fließendem Wasser. So haben Sie einen möglichst geringen Verlust an Vitaminen. Danach sollte das Obst auf einem Sieb gut abtropfen. Achten Sie darauf, dass Sie die dünne Haut nicht verletzen, sonst dringt Fruchtsaft nach außen.

Variationen:

Sie können auch ganz einfach anderes Obst nehmen. Pro Glas sollten es ungefähr 75 g sein.

Testen Sie auch Mandeln oder Schokoraspel als Dekoration!

So lässt sich im Sommer schnell Eis herstellen. Dazu nehmen sie statt frischer Früchte tiefgefrorene oder frieren frische Früchte vor der Verwendung ein. Wenn Sie diese zusammen mit den anderen Zutaten zerkleinern, erhalten sie ein cremiges Eis, das sofort gegessen werden kann.

Kiwis:

Wer auf einen schön grünen, süßen Milchshake hofft, wenn er Kiwis verwendet, der wird ziemlich enttäuscht sein. Kiwi enthält ein Enzym, das Milchprodukte bitter werden lässt. Weder durch einen höheren Fettanteil noch durch die Zugabe von anderen Stoffen lässt sich dieser Vorgang aufhalten. Wer trotzdem einen Kiwishake haben möchte, muss entweder auf gelbe Kiwis umsteigen, die haben dieses Enzym nicht, oder die grünen Kiwis vorher erhitzen. So wird das auch bei Kiwijoghurt

gemacht. Dadurch wird das Enzym unwirksam und kann verarbeitet werden. Wenn es ganz schnell gehen soll, eignet sich auch Kiwimarmelade, die aus gekochtem Obst hergestellt ist.

Joghurt:

Joghurt kommt aus verschiedenen Kulturkreisen. Die Herstellung geht immer auf ein ähnliches Verfahren zurück. Milch wird mit Hilfe von Milchsäurebakterien verdickt und bekommt dadurch einen leicht säuerlichen Geschmack, den typischen Joghurtgeschmack. Joghurt kann sowohl zu süßen Speisen (zum Beispiel Fruchtjoghurt) wie auch zu herzhaften Speisen (zum Beispiel Zaziki) verarbeitet werden.

Bei industriell hergestelltem Joghurt wird meistens noch Magermilchpulver zur Erhöhung der Trockenmasse zugesetzt. Dadurch wird der Joghurt wesentlich fester. Joghurt hat einen positiven Einfluss auf die Darmflora. Das gilt für jeden Jogurt, nicht nur für solchen mit besonderen Kulturen, wie er oft in der Werbung angepriesen wird.

Honig:

Honig haben bereits die Menschen in der Steinzeit genutzt. Er war lange Zeit das einzige Süßungsmittel, das die Menschen kannten. Durch die modernen Verfahren, Haushaltszucker preiswert herzustellen, ist der Honig jedoch weitestgehend als Süßungsmittel verdrängt worden. Es handelt sich um ein Naturprodukt, das aus dem Nektar von Blüten und Honigtau von Bienen zur eigenen Nahrungsversorgung hergestellt wird.

Beim Verzehr von Honig müssen Pollenallergiker mit einer leichten allergischen Reaktion rechnen. Allerdings gibt es auch die Ansicht, dass sich durch regelmäßigen sparsamen Verzehr von Honig aus der eigenen Region eine Hyposensibilisierung einstellen kann, die die allergischen Symptome langfristig lindert.

Honig ist auch schon in die Schlagzeilen geraten, da er in Ausnahmefällen Botulismus-Erreger enthalten kann. Diese Bakterien übertragen eine seltene, aber schwere Krankheit, die häufig zum Tod führt. Die Ärzte geben allerdings nur Warnung für Kinder unter einem Jahr aus, da nur diese, durch die noch nicht ausgeprägte Darmflora, anfällig für die geringen Erregermengen sind. Kinder im Kindergartenalter sind absolut nicht mehr gefährdet.

Dekoration:

Das Auge isst, besser gesagt trinkt in diesem Fall, mit. Gerade solche Milchshakes eignen sich besonders gut dazu, optisch ein bisschen aufgepeppt zu werden. Sammeln Sie im Sommer in den Eisdielen bunte Schirmchen, Strohhalme und was es sonst noch so gibt. Wenn Sie diese Utensilien sofort abwaschen und vor einem erneuten Gebrauch noch einmal reinigen, dann können Sie sie weiter verwenden. Sie können solche Verzierungen aber auch günstig kaufen, z.B. in Restpostenmärkten. Oder lassen Sie die Kinder Figuren nach den Vorlagen auf der folgenden Seite herstellen und kleben Sie die bemalten Bilder dann an Holzspieße.

Sie können auch mit Zitronen- und Orangenscheiben tolle Deko-Effekte am Glas erzielen. Schneiden Sie diese von einer Stelle am Rand bis zur Mitte ein, dann können Sie die Scheiben auf den Glasrand aufstecken. Nutzen Sie bitte nur unbehandelte Zitrusfrüchte. Andere können mit Pestiziden behandelt sein und die bleiben auch nach dem Abwaschen auf der Schale.

Ebenso toll sieht ein ganz leichter Zuckerrand am Glas aus. Dazu tauchen Sie das Glas mit der Öffnung nach unten einmal in Zitronensaft und halten es dann in Zucker. Der Saft trocknet und der Zucker bleibt am Glas kleben. Das klappt natürlich auch mit bunten Zuckerperlen!

So verschönert wird sogar aus einem einfachen Senfglas ein toller Hingucker.

MILCHSHAKE FÜR EINE PERSON

Kopiervorlagen:

Kalte Speisen

Bunte Brotspieße für zwei hungrige, kleine Menschen

Zutaten: 3 Radieschen
6 dicke Scheiben Gurke
2 Scheiben Vollkornbrot
1 gehäufter Esslöffel Doppelrahmfrischkäse mit Kräutern
1 daumendicke Scheibe Gouda oder Emmentaler (ca. 50g)

Materialien: Messer
Schneidbrettchen
6 Holzspieße

Bunte Brotspiesse für zwei hungrige, kleine Menschen

Zubereitung:

Gurke schälen oder waschen und die Scheiben abschneiden.

Radieschen waschen und von Wurzel- und Blattansätzen befreien.

Eine Brotscheibe mit Frischkäse bestreichen. Die andere Scheibe darauf legen. Das Brot in Stücke schneiden, die so groß sind wie die Gurkenscheiben.

Käse ohne Rinde in Stücke derselben Größe schneiden.

Zutaten in beliebiger Reihenfolge aufspießen.

❗ Besonders beachten:

Gestalten Sie die Spieße nicht zu groß, sonst fällt es den Kindern schwer sie zu bewältigen. Besser ist es dann auf jeden Fall zwei Spieße anzubieten statt nur einen.

Besonderer **TIPP**:

Die Brotspieße sind auch als Frühstück sehr beliebt und machen sich gut in Brotdosen. Sie können sie sehr abwechslungsreich gestalten. Die Spieße sind leichter zu essen als ein Butterbrot.

Kalte Speisen

Variationen:

Dieses Rezept ähnelt den Schiffchen von Seite 100. Es gibt viele verschiedene Möglichkeiten Gerichte durch einfache Mittel attraktiver für Kinder zu gestalten. Mithilfe von Holzspießchen lassen sich viele verschiedene mundgerechte Kombinationen gestalten. Gut eignen sich auch Kohlrabi, Kirschtomaten oder Paprika, also all das, was man ungekocht und ungebraten essen kann. Sie können verschiedene Brote verwenden, so dass das Ganze noch ein wenig bunter wird - das regt die Kinder mit Sicherheit zum Essen an.

Brot:

Brot ist im europäischen Raum und darüber hinaus eines der am meisten verwendeten Lebensmittel. Es gibt viele verschiedene Ausführungen. Das geht von Brot, das mit sehr vielen Vitaminen und Ballaststoffen durchsetzt ist, bis hin zu Brot, das nur aus Weißmehl besteht. Wie bei Brötchen, ist das dunklere Brot wesentlich gesünder als das helle. Dabei ist es ganz egal, ob die Körner teilweise im Ganzen im Brot enthalten sind oder in gemahlener Form. Stellen Sie den Kindern einfach mehrere Sorten zur Wahl. Sie können dann selbst entscheiden, welche Brotsorten sie für ihre Spieße verwenden möchten.

Sogar Fladenbrot eignet sich für die Spieße. Schneiden Sie kleine Stückchen daraus und füllen Sie diese mit Käse, gesalzener Butter oder mit Knoblauchbutter – es gibt unzählige Möglichkeiten.

Knäckebrot eignet sich nicht für diese Spieße, es würde beim Aufspießen wahrscheinlich zerbrechen.

Spieße:

Die Spieße aus Holz können Sie einfach in Lebensmittelgeschäften erwerben – sie heißen meistens Schaschlikspieße. Metallspieße können sie zwar mehrmals verwenden, doch besteht die Gefahr, dass sich Kinder mit ihnen verletzen.

Gurke:

Die Gurke gehört zu der Familie der Kürbisgewächse. Man unterteilt die Sorten in zwei große Gruppen. Zum einen die Salat- oder Schlangengurke und zum anderen die Einlegegurke.

Für diese Brotspieße verwenden Sie Schlangengurken. Sie sollten versuchen Gurken aus biologischem Anbau zu bekommen. Sie können die Schale problemlos nach dem Waschen mitessen. Direkt unter der Schale sitzen die meisten Vitamine und Mineralstoffe und die gelangen beim Schälen leider mit in den Abfall. Bei konventionellen Gurken ist die Gefahr, dass sie mit einer erheblichen Menge an Schädlingsbekämpfungsmitteln behandelt wurden, recht groß und diese sitzen dann leider in der Schale. Gurken können Sie übrigens auch ganz schnell und einfach mit einem Sparschäler (Kartoffelschäler) schälen. Fragen Sie die Kinder, ob sie die Schale mitessen möchten. Manchen ist sie einfach zu hart.

Doppelrahmfrischkäse:

Frischkäse sind Käse, die unmittelbar nach ihrer Herstellung gegessen werden können. Sie müssen nicht reifen und bilden keine Rinde. Ihnen dürfen keine Farb- und Konservierungsstoffe zugesetzt werden. Um die Haltbarkeit zu gewährleisten werden diese Käse aus pasteurisierter Milch hergestellt. Sie sind weich wie Quark und streichfähig.

Doppelrahmfrischkäse enthält wie der Name schon sagt, einen hohen Anteil an Rahm und ist dementsprechend recht fetthaltig.

Möhren-Rohkost für vier Kinder

Zutaten: Saft einer halben Zitrone
500 g frische Mohrrüben
4 Esslöffel Öl
1 Prise Salz, Pfeffer

Materialien: Zitronenpresse
Schneidbrettchen
Messer
Reibe
Schüssel
Löffel

MÖHREN-ROHKOST FÜR VIER KINDER

Zubereitung:

Zitrone auspressen.

Mohrrüben schälen. Spitze und Ansatz abschneiden. Dann in eine Schüssel raspeln.

Alle übrigen Zutaten hinzugeben und gut mischen.

Vor dem Servieren eine halbe Stunde lang abgedeckt stehen lassen.

❗ Besonders beachten:

Denken Sie unbedingt daran, dass der Salat vor dem Servieren noch richtig durchziehen muss. Dabei können sich die Geschmacksstoffe erst richtig miteinander vermischen. Die Schüssel sollten Sie im Kühlschrank abdecken, sonst verflüchtigen sich Aromastoffe. Besonders gut eignen sich dazu runde Schüsseln mit Deckel.

Besonderer TIPP:

Achten Sie darauf, dass Sie ganz frische und junge Möhren bekommen, die schmecken einfach am besten! Fragen Sie auf dem Markt oder beim Biobauern nach.

Kalte Speisen

Variationen:

Wenn sie möchten, können Sie in den Salat einen Apfel mit hineinreiben. Das schmeckt auch gut.

Dazu schmeckt:

Frische Vollkornbrotstückchen mit gesalzener Butter schmecken besonders gut dazu! Sie können auch Knäckebrot nehmen, das schmeckt manchen Kindern besser.

Getränke:

Je jünger ein Kind ist, desto mehr Flüssigkeit aus Speisen und Getränken braucht sein Körper im Verhältnis zum Gewicht. Ein Säugling benötigt etwa 60 ml pro Kilogramm Körpergewicht. Ein Schulkind im Alter von ungefähr 14 Jahren nur noch 25 bis 40 ml.

Reichen Sie darum zu allen Mahlzeiten immer etwas zu trinken und stellen Sie auch zwischen den Mahlzeiten stets Getränke bereit, damit die Kinder immer die Möglichkeit haben, etwas zu trinken, wenn sie durstig sind.

Ideale Durstlöscher sind Wasser und Früchtetee. Für einen besseren Geschmack können Sie etwas Saft hinzufügen.

Milch und reine Fruchtsäfte sind kleine Zwischenmahlzeiten, da sie einerseits durch die Kalorien sättigen, andererseits aber auch wichtige Vitamine und Mineralstoffe enthalten.

Vitamin A:

Wer schon mal den Satz gehört hat, dass Möhren gut für die Augen sind, der findet hier nun die Erklärung dazu. Möhren enthalten viel Carotin, das vom menschlichen Organismus zu Vitamin A umgewandelt wird. Dieses ist wichtig für die Augen, das Gewebe, die Haut, die Schleimhäute und das Immunsystem. Ein Mangel an diesem Vitamin kann zum Beispiel Nachtblindheit, Wachstumsstörungen und Hautveränderungen auslösen. Carotin kann nur in Verbindung mit Fett vom Körper verarbeitet werden. Darum reicht es nicht allein aus, Möhren zu knabbern. In diesem Rezept ist Öl enthalten, so dass das Gericht ein sehr guter Vitamin A-Lieferant ist.

Schadstoffe vermeiden:

Vermeiden lassen sich Schadstoffe in unseren Lebensmitteln leider nicht, denn sie umgeben uns in unserer Umwelt permanent. Dazu kommen Düngemittel, Pflanzenschutzmittel und Schädlingsbekämpfungsmittel. Natürlich können Sie beim Biobauern einkaufen. Aber selbst da haben Sie keine Garantie, dass nicht auf dem benachbarten Feld gespritzt wird oder Abgase das Gemüse verunreinigen.

Hier ein paar Tipps, wie Sie vorbeugen können:

Waschen Sie alle Lebensmittel gründlich, die Sie mit Schale oder Schalenteilen verwenden. Dadurch können Sie Schadstoffe von der Oberfläche entfernen.

Wenn Sie beim Bauern direkt kaufen, meiden Sie Bauernhöfe an befahrenen Straßen.

Wenn Sie von Zitrusfrüchten die Schale verwenden wollen, dann kaufen Sie unbedingt unbehandelte Früchte und waschen Sie diese unter heißem Wasser ab. An der Verpackung können Schadstoffe gewesen sein.

Wenn Sie die Wahl haben, kaufen Sie nicht die Früchte, die besonders schön aussehen. Die Wahrscheinlichkeit, dass diese behandelt sind, ist viel größer!

Lesen Sie sich beim Kauf von abgepackten Produkten die Zutatenliste durch. Wenn viele Zusatzstoffe aufgelistet sind, sollten Sie diese Produkte, soweit möglich, meiden.

Kalte Speisen

Sommerobstsalat für vier Sommerkinder

Zutaten:
250 g Erdbeeren
250 g Himbeeren
250 g Johannisbeeren
½ Zitrone
2 Esslöffel Honig

Materialien:
Messer
Schneidbrettchen
Gabel
Schüssel
Löffel

Zubereitung:

Früchte unter fließendem Wasser waschen. Danach gut abtropfen lassen.

Erdbeeren zupfen oder mit dem Messer vom Stielansatz befreien.

Johannisbeeren mit einer Gabel von den Stielen streichen.

Himbeeren, falls es nötig ist, auch abzupfen.

Alle Früchte in eine Schüssel geben.

Zitrone auspressen und den Saft mit dem Honig verrühren, über die Früchte geben.

Eine Stunde bei Zimmertemperatur ziehen lassen.

! Besonders beachten:

Achten Sie darauf, dass die Beeren beim Waschen möglichst nicht beschädigt werden. Wird die dünne Haut verletzt, dann tritt zu viel des vitaminhaltigen Fruchtsafts aus.

Besonderer TIPP:

Wenn Sie Beeren einfrieren möchten, um diese auch im Winter nutzen zu können, dann waschen und putzen Sie die Beeren zunächst, als ob Sie sie gleich verzehren wollten. Breiten sie die Beeren auf einem Teller oder einem Tablett aus und stellen sie das Ganze dann in das Gefrierfach. Wenn die Beeren gefroren sind, füllen Sie sie in einen Gefrierbeutel um.

Variationen:

Sie können diesen Salat so variieren, wie Sie das möchten. Nehmen Sie einfach Früchte aus dem jeweiligen Angebot der Saison. Aber achten Sie darauf, dass es nicht mehr als drei verschiedene Sorten sind. Sonst lassen sich die unterschiedlichen Aromen nicht mehr unterscheiden.

Aufbewahrung der Früchte:

Beeren sollten Sie immer gleich am Einkaufstag verarbeiten oder essen, da sie sonst zu schnell verkommen oder an Geschmack und Vitaminen einbüßen. Geht es nicht anders, kann man die Beeren über Nacht in den Kühlschrank stellen, aber so, dass sie nicht zu eng aufeinander liegen, sondern viel Platz haben.

Brombeeren:

Spätere Sorten schmecken wegen der längeren Sonneneinstrahlung in der Regel süßer als frühe Sorten. Waschen Sie sie vor der Verarbeitung unter fließendem Wasser, damit sie sich nicht mit Wasser vollsaugen können. Stechen Sie dann mit einem spitzen Messer unter die Blattrose und ziehen sie diese samt Stängel heraus.

SOMMEROBSTSALAT FÜR VIER SOMMERKINDER

Erdbeeren:

Erdbeeren werden heute so gezüchtet, dass sie das ganze Jahr über zu kaufen sind. Wenn bei uns die Erdbeersaison vorbei ist, dann kommen sie aus südlichen Ländern zu uns. Im Vergleich zur Situation noch vor ein paar Jahren hat sich die Saison für Erdbeeren bei uns deutlich verlängert. Sie sind von Mai bis in den Oktober hinein im Angebot.

Meistens wird mehr Wert auf das Aussehen und die Größe gelegt, als auf den Geschmack. – Kleine Erdbeeren schmecken häufig viel intensiver als große. Es gibt unzählige Sorten deren Namen meistens leider nicht angegeben werden, so dass man seine Lieblingssorte nicht wiederentdecken kann. Säubern Sie die Erdbeeren ebenso wie die Brombeeren.

Heidelbeeren – Blaubeeren – Bickbeeren:

Blaubeeren können Sie oft im Wald, in großen flächendeckenden Pflanzen finden. Das Pflücken ist mühsam, doch es lohnt sich, denn das Aroma ist deutlich intensiver, als das der gezüchteten. Blaubeeren färben beim Essen und Verarbeiten Hände und Zähne blau. Waschen Sie die Beeren vor der Verarbeitung unter fließendem Wasser und entfernen Sie erst danach die Stielreste.

Himbeeren:

Zwischen Juni und September können Sie Himbeeren frisch kaufen. Es gibt verschiedene Meinungen darüber, ob die Beeren gewaschen werden sollten oder nicht, denn sie können beim Waschen viel Saft verlieren. Sie sollten sie so schnell wie möglich verwenden. Denn Himbeeren schimmeln sehr schnell.

Kalte Speisen

Johannisbeeren:

Es gibt drei Sorten von Johannisbeeren: rote, weiße und schwarze.

Die roten, süß-säuerlichen Beeren sind am häufigsten. Schwarze Beeren enthalten viel Vitamin C, schmecken jedoch etwas bitter. Wenn Sie solche Beeren in Ihrem Obstsalat verwenden, dann müssen Sie eventuell etwas mehr Honig hinzufügen. Ganz selten gib es die weißen Beeren, die sehr empfindlich sind, aber überraschend süß schmecken.

Diese Beeren werden meist mit den Stielen gepflückt. Waschen Sie die Stiele mit und entfernen Sie diese anschließend vorsichtig. Dazu nehmen Sie das dickere Ende der Rispe in die Hand und streichen die Beeren vorsichtig nach unten hin mit einer Gabel ab.

Stachelbeeren:

In einem Obstsalat sollten Sie nur die etwas süßeren roten und gelben Früchte verwenden. Die grünen Stachelbeeren sind zu sauer und schmecken lediglich zu Pudding.

Sommerobstsalat für vier Sommerkinder

Sauerkirschsaft, etwa zwei Liter

Zutaten: 2 kg Sauerkirschen
2 Liter Wasser
400 g Zucker

Materialien: Messer, Gabel, Topf, Löffel, Mulltuch, Sieb

Sauerkirschsaft, etwa zwei Liter

Zubereitung:

Sauerkirschen waschen und entkernen. Die Kirschen vorsichtig mit einem Kartoffelstampfer zerdrücken und dann ein halbes Kilo Kirschen mit einem halben Liter Wasser köcheln lassen, bis sie ganz weich sind.

Die Masse in ein Mulltuch geben und in ein Sieb legen, das in einen Topf eingehängt ist.

Die Prozedur mit den restlichen Kirschen wiederholen.

12 bis 24 Stunden abtropfen lassen.

Auf einen Liter Saft 200 g Zucker geben und aufkochen.

Heiß in saubere Flaschen füllen und verschließen.

! Besonders beachten:

Die Flaschen, in die der Saft abgefüllt wird, müssen unbedingt ganz sauber sein. Das schaffen Sie am besten, wenn Sie die Flaschen und den Deckel zunächst in der Spülmaschine reinigen, auch wenn sie bereits ausgespült wurden.

Kalte Speisen

Eventuelle Rückstände können Sie im Spülbecken mit Wasser und Spülmittel entfernen. Danach müssen Sie die Flasche noch einmal mit kochend heißem Wasser ausspülen. Deckel können sie ebenfalls mit heißem Wasser übergießen. Stellen Sie dann die Flaschen mit der Öffnung nach unten auf ein sauberes Küchentuch.

Wenn Verunreinigungen in der Flasche sind, dann beginnt der Saft leicht zu schimmeln.

Besonderer TIPP:

Verwenden Sie nur wirklich reife Früchte und sortieren Sie die unreifen aus. Sonst schmeckt der Saft am Ende nicht süß, sondern bitter.

Variationen:

Erdbeer- Rhabarbersaft:

1 kg Erdbeeren, 1 kg Rhabarbersaft, 300 g Zucker

Rhabarber und Erdbeeren putzen und im Elektroentsafter entsaften. Saft mit Zucker mischen. Dieser Saft ist kühl gelagert zwei bis drei Tage haltbar. Wenn Sie den Saft kurz aufkochen, ist er länger haltbar.

Sauerkirschsaft, etwa zwei Liter

Beerensaft:

1 kg Johannisbeeren (¾ rote – ¼ schwarze), 1 kg weitere saftige Früchte, z.B. Stachelbeeren, Himbeeren, Blaubeeren, Brombeeren ..., 1 l Wasser, 1 kg Zucker.

Waschen Sie die Früchte und lassen Sie diese dann abtropfen. Zerstampfen Sie die Früchte ein wenig und kochen sie dann mit Wasser zu Mus. Über Nacht in einem Mulltuch abtropfen lassen. Auf einen Liter Wasser 250 g Zucker geben. Zehn Minuten aufkochen und in Flaschen abfüllen.

Erdbeersaft:

1 ½ kg Erdbeeren, 1 Päckchen Zitronensäure, ½ l Wasser, etwa 1 ½ kg Zucker

Putzen und zerstampfen Sie die Erdbeeren. Lösen Sie die Zitronensäure in ein wenig Wasser auf und rühren Sie diese unter die Beeren. Geben Sie das restliche Wasser dazu und verrühren Sie alles wieder. Lassen Sie alles 24 Stunden zugedeckt stehen und filtern Sie den Saft ab. Rühren Sie pro Zentiliter Flüssigkeit ein Gramm Zucker ein. Kochen Sie alles kurz auf und füllen Sie den Saft in Flaschen ab.

Kalte Speisen

Verwendung:

Selbst eingemachte Fruchtsäfte schmecken meistens viel aromatischer, als es bei gekauften der Fall ist. Pur möchten Kinder meistens nur ganz wenig davon trinken – das wäre auch viel zu süß.

Hier ein paar Ideen, was Sie alles mit dem Fruchtsaft machen können:

» Als Getränk schmeckt er am besten gut gekühlt und nach Geschmack ungefähr zur Hälfte mit sprudelndem oder stillem Wasser aufgefüllt.
» Einen sehr schmackhaften Nachtisch erhalten Sie, wenn Sie jeweils einen halben Liter Wasser und einen halben Liter Saft mit sechs Blatt aufgelöster Gelatine mischen und kalt stellen. Dazu schmeckt Geschlagene Sahne sehr gut.
» Mischen Sie den Saft mit Sahne, Crème fraîche oder Quark und Sie erhalten immer wieder anders schmeckende Cremespeisen.
» Gebunden mit Speisestärke kann man aus Säften schnell Kaltschalen, Grütze oder Sauce zum Beispiel für Eiscreme herstellen.

Etiketten:

Um die Säfte unterscheiden zu können, ist es sinnvoll sie zu beschriften. Fertigen Sie gemeinsam mit den Kindern Etiketten an, die Sie entweder auf Aufklebern gestalten oder auf normalem weißen Papier, das Sie dann mit Kleister auf den Flaschen befestigen. Das nebenstehende Beispiel können Sie als Anregung oder auch als Vorlage zum Kopieren verwenden.

Sauerkirschsaft, etwa zwei Liter

Kalte Speisen

Rohkostsalat für drei Kinder

Zutaten: 400 g Kohlrabi – das sind ungefähr 2 Knollen
2 kleine Äpfel mit roter Schale (je ungefähr 100 g)
1 Zitrone
100 g Naturjoghurt
1 Teelöffel Salatmayonnaise
Salz, Pfeffer, gemahlener Koriander
1 Esslöffel Pistazien
1 Esslöffel Pinienkerne

Materialien: Messer, Schneidbrettchen, Zitronenpresse, Schüssel, Löffel, Reibe

Zubereitung:

Die Kohlrabi schälen und in möglichst dünne Scheiben schneiden. Die Scheiben auf einen Teller legen.

Einen Apfel waschen, entkernen und in dünne Spalte schneiden. Sofort in Zitronensaft wenden. Auf den Kohlrabischeiben verteilen.

Joghurt, Mayonnaise und den restlichen Zitronensaft verrühren. Den zweiten Apfel auf der Reibe direkt in die Marinade reiben. Mit Salz, Pfeffer und Koriander abschmecken. Das Apfeldressing über die Rohkost verteilen.

Pistazien und Pinienkerne darüber geben.

! Besonders beachten:

Junger Kohlrabi eignet sich viel besser als älterer für Rohkost, da er noch zart und saftig ist. Das Fleisch wird zunehmend fester, wenn der Kohlrabi älter ist. Wenn sie keine jungen Knollen bekommen, müssen Sie das Fleisch hauchdünn schneiden. Dann schmeckt es besser!

Besonderer TIPP:

Schneiden Sie den zweiten Apfel zunächst in vier Teile und entfernen Sie das Kerngehäuse. Ansonsten müssen Sie um das Kerngehäuse herum arbeiten. Das ist für Kinder ziemlich schwierig.

Variationen:

Kohlrabi lässt sich mit vielen verschiedenen Sorten von Gemüse zu einem schmackhaften Rohkostsalat verarbeiten. Hier bekommen Sie noch einige Anregungen dazu:

» Möhren und Kohlrabi ganz fein schneiden oder raspeln. Dann übereinander auf den Teller schichten und mit einem Dressing aus Soja- und Kürbiskernöl beträufeln. Darüber kommen noch viel Petersilie und geröstete Kürbiskerne.

» Möhren, Äpfel, Birnen, Kohlrabi, Gurke in fingerdicke Streifen schneiden und in einem Dressing aus Essig, Wasser, etwas Öl und viel frischer Kresse zwei Stunden im Kühlschrank ziehen lassen.

Rohkost:

Rohkost enthält mehr Vitamine und Mineralstoffe als gekochtes Essen. Darum gehört rohes Gemüse von Zeit zu Zeit auf den Speiseplan. Die meisten Vitamine befinden sich in oder direkt unter der Schale. Wird das Gemüse geschält, sollte die Schale möglichst dünn abgeschnitten werden. Soll die Schale nicht abgeschnitten werden, dann ist es sehr wichtig, das Gemüse

möglichst gut unter fließendem Wasser zu waschen. Dabei werden der Dreck und eventuelle Pflanzenschutzmittel abgewaschen. Kaufen Sie möglichst erzeugernah ein. Auf dem Markt oder einem Bauernhof wird man Ihnen eher etwas über die Herkunft der Lebensmittel und über ihre Behandlung erzählen können. In vielen Supermärkten werden inzwischen Bioprodukte angeboten. Schauen Sie aber darauf, wo das Obst oder Gemüse gewachsen ist. Kurze Wege sprechen nicht unbedingt für Frische! Häufig werden die Früchte und Knollen unreif gepflückt und reifen dann während des Transports nach.

Umgang mit dem Messer:

Die Kinder möchten natürlich möglichst viel allein machen. Dazu gehört das Schneiden und Schälen. Vielleicht bereitet Ihnen das ein wenig Kopfzerbrechen, da Sie Angst um die Finger der Kinder haben. Gehen Sie nicht sorglos, aber selbstverständlich damit um. Zeigen Sie den Kindern die richtige Haltung des Messers.

Wenn Sie den Kindern nur erklären, wie sie ein Messer am besten halten können, schaffen sie es nicht. Zeigen Sie es den Kindern, indem Sie es ihnen direkt vormachen. Lassen Sie die Kinder dies nachmachen und korrigieren Sie sie, indem Sie ihre Finger von der falschen an die richtige Stelle legen.

Der richtige Umgang mit dem Messer ist eine Übung für die Feinmotorik, die Sie unbedingt fördern sollten!

Gearbeitet wird durch Druck mit dem Zeigefinger und Bewegung, die aus dem Handgelenk kommt. Das ist für Kinder schwer zu begreifen, wenn sie nur die Worte hören. Darum machen sie sich genau bewusst, wie Sie selbst arbeiten. Zeigen Sie es den Kindern schrittweise. Lassen Sie es nachmachen und unterstützen Sie durch Korrekturen, damit es richtig klappt.

Kalte Speisen

Neben dem Messer können Sie noch andere Schneidegeräte verwenden:
- Kartoffelschäler, um die Schale dünn abzuhobeln
- Zwiebelschneider – eine kleine Dose mit Messern, die durch Drehung bewegt werden
- Knoblauchpresse, aus der der Knoblauch ganz fein herausgepresst wird oder Knoblauchschneider, der den Knoblauch fein zerkleinert
- Kräuterschneider, der die Kräuter durch Darüberrollen kleinschneidet
- Käseschneider in verschiedenen Ausführungen
- und diverse weitere, oft elektrische Geräte

Diese Geräte erleichtern oft die Arbeit, sind aber nicht unbedingt notwendig!

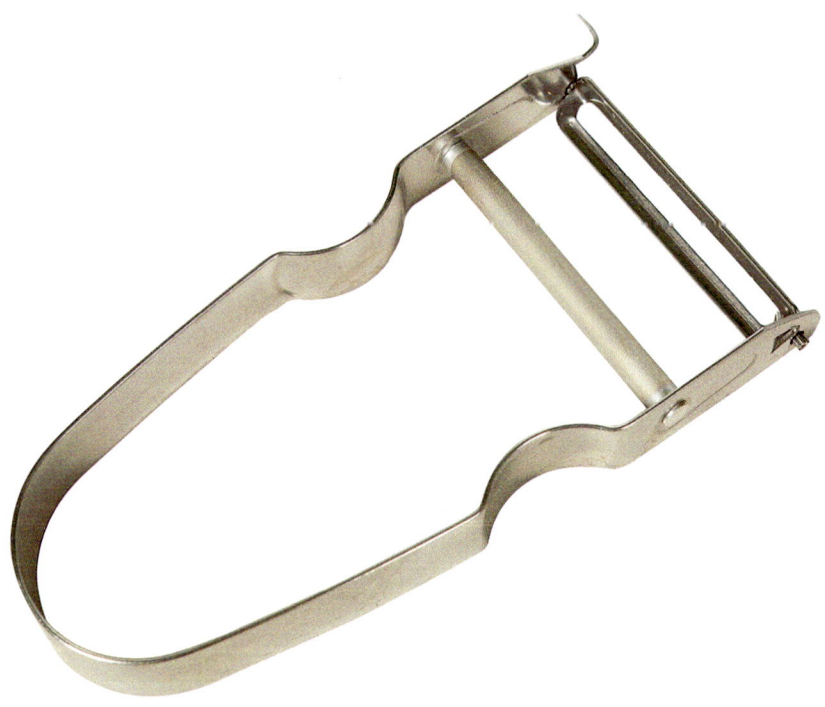

ROHKOSTSALAT FÜR DREI KINDER

Kalte Speisen

Kürbis-Chutney, ergibt drei Gläser

Zutaten:
1 kg Kürbisfleisch
2 Zwiebeln
2 Esslöffel Salz
500 g frische Tomaten
2 Knoblauchzehen
100 g Rosinen
300 g brauner Zucker
1 ½ Esslöffel Ingwerpulver
350 ml Weißweinessig

Materialien: Messer, Schneidbrettchen, Schüssel, Löffel, Topf, Knoblauchpresse, drei Marmeladengläser mit Deckel

Kürbis-Chutney, ergibt drei Gläser

Zubereitung:

Kürbiswürfel in eine Schüssel geben.

Zwiebeln hacken und zusammen mit einem Esslöffel Salz und den Kürbiswürfeln verrühren. Zwei Stunden zugedeckt stehen lassen.

Tomaten kurz in kochendes Wasser legen und dann gleich häuten. Tomatenfleisch würfeln.

Knoblauchzehen schälen und pressen.

Kalte Speisen

Wenn die zwei Stunden um sind, dann die Flüssigkeit von den Kürbisstücken abgießen.

Kürbis, Tomaten, Knoblauch, das restliche Salz, Rosinen, Zucker, Ingwerpulver und Essig 45 Minuten auf kleiner Stufe mit Deckel kochen.

Heiß in Gläser füllen. Warm oder kalt servieren.

! Besonders beachten:

Rühren Sie die Masse auf dem Herd immer wieder um, da sie sonst anbrennen könnte. Wenn der Deckel angehoben wird, entweicht zunächst immer ein Schwall heißer Luft. Warten Sie ab, bis dieser verdampft ist und lassen Sie dann erst die Kinder rühren. Rühren die Kinder gleich nach dem Abnehmen des Deckels, dann kann es passieren, dass sie sich die Finger verbrennen.

Variationen:

Wenn Ihre Kinder keine Rosinen mögen, dann lassen Sie diese einfach weg.

Zwiebeln und Knoblauchzehen:

Kinder mögen Zwiebeln und alles, was ihnen ähnlich ist, nicht unbedingt. Allerdings gilt das vor allem für den rohen Zustand. Sobald sie verkocht sind, schmeckt man die Zwiebeln nicht mehr heraus. Allerdings geben sie dem Ganzen erst den richtigen würzigen Geschmack. Wenn die Kinder bei der Zubereitung schimpfen, dann erklären Sie Ihnen, dass auch auf einer Pizza Zwiebeln sind und in Nudelsoße.

Ingwerpulver:

Ingwer ist ein sehr bekanntes Gewürz, das zu sehr vielen verschiedenen Speisen passt. Es wächst vor allem in den Tropen in Asien,

Kürbis-Chutney, ergibt drei Gläser

Australien und Südamerika. Aus den geschälten Wurzeln wird ein Pulver gewonnen.

Verwendung:
Besonders gut schmecken die Kürbisstücke zu Brot und Käse. Vielleicht können Sie mit den Kindern selber Brot backen und das Chutney dann zum Brot essen. Genauso eignet es sich aber zum Verschenken oder zum Verkauf auf einem Flohmarkt oder beim Laternenfest. Den Kürbis können Sie auch aushöhlen und dann ebenfalls zum Laternenfest oder bei einer Halloweenfeier aufstellen.

Bräuche im Herbst: Aus welcher Tradition heraus sind sie entstanden und welchen Hintergrund haben sie?
Halloween:
Halloween ist das Fest, das am Vorabend von Allerheiligen gefeiert wird, also in der Nacht vom 31. Oktober auf den 1. November. Ursprünglich wurde es in Irland gefeiert. Irische Auswanderer haben das Fest mit nach Nordamerika genommen, wo es heute mit gruseligen aber auch lustigen Verkleidungen gefeiert wird. Das Wort „Halloween" geht zurück auf „All Hellow's Even", was so viel bedeutet wie Allerheiligenabend, der wie der Heiligabend dem eigentlichen Fest vorausgeht. Früher begannen die Tage mit dem vorangehenden Abend.

In Amerika gehen am 31. Oktober die Kinder von Haus zu Haus und verlangen „trick or treat" – was mit „Süßes oder Saures" übersetzt wird. Sie möchten gern etwas Süßes haben und kündigen andernfalls an, einen Streich zu spielen. Seit dem letzten Jahrzehnt des vergangenen Jahrhunderts wird Halloween auch in Europa immer beliebter. Da es aber schon vorher einige ähnliche Bräuche gab, etwa das Aushöhlen von Zuckerrüben, geht man davon aus, dass dieses Fest früher auch in anderen Teilen Europas gefeiert wurde, aber im Laufe der Jahre einfach in Vergessenheit geraten ist.

Kritik wird an diesem Fest geübt, da es Allerheiligen und den Martinstag in den Hintergrund drängt und zunehmend kommerzialisiert wird. Außerdem befürchten Kritiker, dass der Geisterglaube, bzw. die Anbetung der Toten in den Mittelpunkt rücken könnte.

10. November:

Am 10. November wird nach evangelischem Brauch an Martin Luther gedacht, der an diesem Tag im Jahre 1483 in Eisleben geboren wurde. Kinder ziehen beim Martinisingen mit Laternen von Haus zu Haus, singen ein Lied und bitten um etwas Süßes.

Martin Luther stellte sich gegen die katholische Kirche und rief eine Reformationsbewegung hervor. Er hatte viele Gründe für sein Zerwürfnis mit der katholischen Kirche. Des Schaffens dieses Mannes wird am 31. Oktober, dem Reformationstag, schon gedacht. Trotzdem ziehen die Kinder an seinem Geburtstag noch einmal mit Laternen umher.

11. November, Martinstag:

Dies ist nun der Tag, an dem an Sankt Martin gedacht wird. Er war der Bischof Martin von Tours, auf den die Legende mit dem Teilen des Mantels zurückgeht. In vielen, vor allem katholischen, Gegenden Deutschlands werden an diesem Tag Laternenumzüge veranstaltet. Inzwischen auch von evangelischer und katholischer Kirche zusammen. In der Regel wird der Umzug angeführt von einem Kind auf einem Pferd, das den heiligen Martin spielt. In manchen Regionen ziehen die Kinder auch in kleinen Gruppen von Haus zu Haus.

Kalte Speisen

Kressebrote für eine Person

Zutaten: ¼ Schälchen selbstgepflanzte Kresse
               Quark
               eine Scheibe Brot
               Salz

Materialien: Messer, Schneidbrettchen, Buttermesser

Kressebrote für eine Person

Zubereitung:

Zum Ernten, die Kresse knapp über dem Keim abschneiden. Dazu immer mehrere kleine Pflanzen gleichzeitig nehmen.

Kresse von eventuellen Schalen der Samen befreien und ein wenig klein schneiden.

Quark mit dem Buttermesser auf dem Brot verteilen.

Kresse auf dem Brot verteilen.

Ganz leicht salzen.

Brotscheibe vierteln.

Ganz einfaches Rezept:

Dieses Rezept ist bewusst ganz einfach gewählt. So können die Kinder wirklich selbstständig arbeiten und auch die jüngeren und motorisch noch nicht so weit entwickelten Kinder können sich beteiligen.

Kalte Speisen

Kresse:

Gartenkresse, wie sie zur Abgrenzung von anderen, ungenießbaren Kressearten genannt wird, kommt wahrscheinlich aus Asien, denn dort wächst sie heute noch wild.

Die Pflanzen werden bis zu einem halben Meter hoch, geerntet werden sie aber schon bei fünf Zentimetern Höhe.

Kresse zeichnet sich durch einen hohen Gehalt an Vitamin C, Kalzium und Folsäure aus. Vitamin B ist ebenfalls enthalten. Kresse eignet sich besonders gut im Winter als Nahrungsergänzung, wenn frisches Obst und Gemüse rar sind.

Variationen:
Den Quark im Rezept können Sie einfach durch Butter ersetzen.

Selbst gezüchtet:
Wenn man etwas selbst anbaut, dann schmeckt es bekanntlich noch mal so gut. Die Kinder können die Kresse ganz einfach selber pflanzen und ihr beim Wachsen zuschauen. Es dauert auch nicht sehr lange, so dass sie nicht in Vergessenheit gerät und es bis zur Ernte spannend bleibt.

Nehmen Sie eine flache Schale für die Anpflanzung und legen Sie etwas Watte oder ein Papiertaschentuch hinein. Selbstverständlich könnten Sie auch Erde nehmen, doch erstere Variante ist sauberer und einfacher.

Die Kressesamen werden nebeneinander auf dem Papier ausgelegt. Es sollten möglichst keine Samen übereinander liegen. Nun müssen sie nur noch täglich gegossen werden und dann kann man nach ungefähr zehn Tagen ernten. Besonders spannend ist es, dass die Kinder bereits am zweiten oder dritten Tag erste Keime sehen können und diese fast beim Zusehen weiter wachsen!

Geschenke:
Mit Kresse können die Kinder tolle, einfache Geschenke basteln. Zum Beispiel kleine „Verkleidungen" für die wasserdichten Kresseschälchen. Am Tag vor dem Verschenken wird die Kresse einmal gegossen, dann fängt sie an zu keimen. Sie hält sich dann am Untergrund fest und kann nicht mehr verrutschen.

Auf der nächsten Seite finden Sie eine Bastelanleitung für ein eckiges Kresseschälchen.

Kalte Speisen

Bastelanleitung:

Sie brauchen eine eckige, leere und gut ausgewaschene Quarkdose, viele bunte Papierreste, die Kopiervorlagen von der nächsten Seite, eine Schere und Kleister, Reste von Tonpapier, Flüssigkleber, pro Kind einen Holzspieß und einen Streifen Klebeband.

Die kleinen bunten Papierstücke werden in Kleister getaucht und dann an die Quarkdose geklebt. Das darf ruhig durcheinander gehen und krumm und schief aussehen. Der Becher wird anschließend zum Trocknen beiseitegestellt. Lassen Sie ruhig einen Tag verstreichen, ehe Sie die Kinder weiter basteln lassen.

Aus Tonpapier schneidet jedes Kind eine Figur aus, die an seinem Kressebeet aufpasst, dass die Kresse richtig wächst. Die Jüngsten können die Figur auch ausprickeln. Dazu stechen sie entlang der Linie mit einer dicken Nadel ein, bis sich die Figur herausdrücken lässt. Achten Sie dabei auf eine passende Unterlage, z. B. eine dicke Filzmatte.

Die Figuren werden jeweils zweimal ausgeschnitten und dann zusammengeklebt. In die Mitte wird der Holzspieß gesteckt. Natürlich kön-  nen auch noch Augen oder andere Details aufgemalt werden. Dann wird der Holzspieß mit Klebeband an der Innenseite der Schale befestigt.

Kressebrote für eine Person

Knäckebrotpizza für vier Feinschmecker

Zutaten: 1 Päckchen passierte oder stückige Tomaten
Pfeffer, Salz, Majoran
8 Scheiben Knäckebrot
1 Esslöffel Butter oder Margarine
2 Tomaten
100 g Champignons
1 Paprikaschote
100 g Käse (z.B. Gouda)

Materialien: Schüssel
Löffel
Messer
Schneidbrettchen
Käsereibe
Backblech

Knäckebrotpizza für vier Feinschmecker

Zubereitung:

Passierte Tomaten mit Salz, Pfeffer und Majoran abschmecken.

Knäckebrot mit Butter bestreichen. Passierte Tomaten darauf geben.

Tomaten, Champignons und Paprika waschen und schneiden. Auf den Broten verteilen.

Käse reiben und auf den Broten verteilen.

Im Backofen ca. 15 Minuten bei 200° C backen.

❗ Besonders beachten:

Im Backofen kann von der Pizza leicht etwas herunterfallen. Beim Backen brennt dann schnell etwas auf dem Blech an. Das können Sie vermeiden, wenn Sie das Backblech mit Backpapier auslegen. Die Kanten rollen sich nicht nach oben wenn es mit ein wenig Butter oder Margarine am Blech festgeklebt wird.

Besonderer TIPP:

Halten Sie die Kinder dazu an, nicht zu viel auf ein Pizzabrot zu legen. Es ist besser, wenn es mehrere flachere Brote gibt, als wenige zu hoch belegte.

Variationen:

Die Pizza können Sie auch variieren. Einige Kinder mögen vielleicht keine Champignons. Bieten Sie zusätzlich auch Salami, Schinken, Ananaswürfel und Mozzarella an. Dann kann jedes Kind sein Knäckebrot so belegen, wie es das möchte.

Sie können auch verschiedene Knäckebrotarten nehmen, um das Ganze ein wenig abwechslungsreicher zu gestalten.

Knäckebrot:

Es gibt ganz verschiedene Knäckebrote. Ursprünglich kommt es aus Skandinavien, genauer gesagt aus Schweden. In Deutschland wird es bereits seit 1927 produziert. In der Regel ist es ein Vollkornbrot aus Roggenschrot und feingemahlenem Roggen- und Weizenmehl. Es ist sehr flach, wird kurz gebacken und dann getrocknet. Auf der Oberfläche hat es ein löcheriges Muster. Am besten eignet sich kleines rundes Brot, aber auch eckige Brote sind geeignet.

Pizza:

Für eine Pizza wird eigentlich ein Fladenbrot aus weichem Hefeteig belegt. Sie stammt aus Italien, wurde von dort in die USA gebracht, und breitete sich danach auch im übrigen Europa aus. Sie ist neben Spaghetti das bekannteste italienische Nationalgericht. Die erste Pizza Margherita wurde zu Ehren König Umbertos I. und dessen Frau Margherita in den italienischen Nationalfarben grün (Basilikum), weiß (Mozzarella) und rot (Tomaten) belegt.

Energiesparen:

Beim Kochen wird eine Menge Energie benötigt, oft aber auch unnötig verschwendet. Beim Backen zum Beispiel muss der Ofen nicht immer vorgeheizt werden. Das ist notwendig bei Kuchen oder Hefeteig. In unserem Fall wird nur etwas überbacken, da kann die Zeit des Erwärmens mitgenutzt werden.

Auch beim Kochen können Sie sparen: Kochtöpfe sollten die Platte immer komplett bedecken, auf der sie stehen. Wasser kocht viel schneller, wenn ein Deckel auf dem Topf liegt.

Majoran:

Majoran ist ein Gewürz, das aus wärmeren Regionen zu uns gekommen ist. Die Pflanzen bei uns sind meist einjährig, wachsen also nicht nach. Von diesem Kraut kann sehr viel verwendet werden: Der Stängel, die Blätter und auch die Knospen und Blüten.

Käse:

Es gibt sehr viele Käsesorten. Der Gouda, der hier vorgeschlagen wird, ist natürlich kein spezieller Pizzakäse, noch nicht mal ein italienischer Käse. Er kommt aus den Niederlanden. Trotzdem passt der Geschmack gut zur Pizza, außerdem schmeckt er nicht zu streng, so dass Kinder ihn sehr gern mö-

Herzhaft überbacken

gen. Ein richtiger italienischer Käse hingegen ist der Mozzarella. Mozzarella wird aus Büffel- oder Kuhmilch hergestellt. Es handelt sich dabei um einen speziell behandelten Frischkäse, der in einer Salzlake schwimmt. Der Käse ist weiß und rindenlos und wird in Kugeln hergestellt. Wie auch viele andere Käsesorten, die bei uns im Supermarkt erhältlich sind, wird Mozzarella aus pasteurisierter Milch hergestellt. Das bedeutet, dass er keine Bakterien beinhaltet, die eventuell Schwangeren oder Säuglingen schaden könnten. Er schmeckt aber nicht allen Kindern, darum ist es gut, ihn erst einmal roh zum Probieren anzubieten.

Mozzarella aus Kuhmilch ist milder und schmeckt Kindern meistens besser, als der würzigere Büffelmozzarella.

Besteck:

Es soll zwar Menschen geben, die Knäckebrot mit Messer und Gabel essen, Ihre Kinder können das aber wahrscheinlich nicht. Legen Sie die Pizzabrote auf Teller und reichen Sie Servietten dazu. Es wird mit Sicherheit hier und da etwas daneben fallen und da kommt die Serviette gerade recht.

Das Kni-Kna-Knäckebrot

Beißt man hinein, dann knackt es im Mund,
das Kni-Kna-Knäckebrot, das ist gesund.

Es kracht und es knistert ziemlich,
das Kni-Kna-Knäckebrot, das mag ich!

Das Brot, das backt der Bäcker,
das Kni-Kna-Knäckebrot ist ziemlich lecker.

Sei vorsichtig, sonst bricht es ab,
das Kni-Kna-Knäckebrot macht dabei nie schlapp!

Tomaten machen es ganz rot,
das leckere Tomaten-Kni-Kna-Knäckebrot.

In diesem Brot findest du auch Korn,
da ist das Kni-Kna-Knäckebrot ganz vorn.

Wir essen es am besten hier,
da schmeckt das Kni-Kna-Knäckebrot dir und mir!

Kartoffelauflauf für vier Kinder

Zutaten:
- 650 g Kartoffeln
- 1 große Zwiebel
- 30 g Butter
- 125 g Gouda
- 1 Prise Salz
- 1 Prise Pfeffer
- 150 ml Sahne
- 1 Ei

Materialien:
- Messer
- Kartoffelschäler
- Schneidbrettchen
- Schüssel
- Bratpfanne
- Löffel
- Käsereibe
- Backpinsel
- Auflaufform

Kartoffelauflauf für vier Kinder

Zubereitung:

Den Backofen auf 180° C vorheizen.

Kartoffeln schälen, in feine Scheiben schneiden und ins Wasser legen.

Die Zwiebel schälen und in Würfel schneiden. In Butter anbraten.

Käse reiben.

Auflaufform einfetten. Die Hälfte der Kartoffeln hineinlegen und mit der Hälfte des Käses bestreuen. Die andere Hälfte der Kartoffeln obenauf legen.

Ei, Sahne, gebratene Zwiebelwürfel, Salz und Pfeffer mischen und über die Kartoffeln geben. Den restlichen Käse darüber streuen.

Den Auflauf 90 Minuten im Ofen backen.

Herzhaft überbacken

❗ Besonders beachten:
Der Auflauf wird in der Auflaufform serviert. Weisen Sie die Kinder darauf hin, dass diese sehr heiß ist und sie sich auch noch einige Zeit nachdem sie aus dem Ofen gekommen ist, die Finger daran verbrennen können. Zeigen Sie ihnen auch, dass man eine solche Form mit Topflappen trägt und immer auf einen Untersetzer stellt.

Besonderer TIPP:
Fragen Sie an der Käsetheke nach Randstücken. Manchmal sind diese deutlich günstiger als ein Stück aus der Mitte. Da sie den Käse nicht geschnitten auftischen wollen, sondern raspeln möchten, ist das in diesem Fall überhaupt kein Problem.

Käse, der schon geraspelt gekauft wird, ist schon etwas älter und hat oft schon an Aroma verloren.

Variationen:
Wenn Sie nicht auf Fleisch verzichten wollen, dann können Sie dem Auflauf noch Schinkenwürfel oder Hackfleisch hinzufügen.

Kartoffelsorten:
Es gibt viele verschiedene Kartoffelsorten. Die fest kochenden Kartoffeln heißen so, weil sie nach dem Kochen zwar weicher geworden sind, aber immer noch stabil sind und nicht zerfallen. Darum lassen sie sich am besten zu Bratkartoffeln, Kartoffelsalat oder Aufläufen verarbeiten. Sie haben eine länglich ovale Form.

Mehlig kochende Kartoffeln hingegen sind meist rund und nach dem Kochen eher weich. Oft platzt ihre Schale auch beim Kochen auf. Mehlige Salzkartoffeln zerfallen häufig schon beim Kochen. Sie eignen sich am besten für Kartoffelbrei, Suppen und Eintöpfe, Gerichte also, bei denen die Kartoffeln zerfallen sollen.

Die dritte Sorte sind vorwiegend fest kochende Kartoffeln. Sie zerfallen nicht so leicht wie mehlig kochende, sind aber etwas weicher als die fest kochenden. Sie können sie für beide Zwecke verwenden.

Unreife Kartoffeln oder grüne Stellen an den Kartoffeln enthalten einen Stoff der Solanin heißt. Er kann in größeren Mengen aufgenommen, Kopf- und Bauchschmerzen verursachen. Daher sollten Sie immer nur reife Kartoffeln essen und grüne Stellen herausschneiden.

Manchmal gibt es auch ganz besondere Kartoffelsorten, zum Beispiel welche mit einer violetten Färbung. Probieren Sie diese ruhig einmal aus, denn gerade Kinder freuen sich über bunte Farbflecken im Essen!

Kartoffeln schneller und einfacher schälen können Sie mit einem Kartoffelschäler. Dabei wird die Schale möglichst sparsam entfernt. Gerade für Kinder ist es viel einfacher die Kartoffeln mit einem solchen Gerät zu schälen, als mit einem scharfen Messer.

Auflauf:

Ein Auflauf ist eine Speise, die in einem feuerfesten Behälter im Ofen gegart und meist überbacken wird. Wichtig ist dabei, dass die Speise eine richtige Kruste bilden kann. Dazu darf der Auflauf im Ofen nicht abgedeckt werden, sondern muss offen bleiben. Nutzen Sie eine spezielle feuerfeste Form, damit Ihnen die Schale beim Erhitzen im Backofen nicht durchbricht. Bei einem Auflauf sollten die Zutaten nicht einfach so in der Form landen, sondern ein wenig geschichtet werden. Käse als oberste Schicht schmeckt immer gut.

Zwiebeln:

Das Zwiebelschneiden ist bei Kindern nicht gerade beliebt. Zunächst wollen es alle einmal probieren, weil das lustig ist, wenn man anfängt zu weinen. Beim zweiten und dritten Mal finden sich kaum noch Interessenten für diese Aufgabe.

Herzhaft überbacken

Beim Schneiden der Zwiebel verbindet sich ein Enzym mit einer Aminosäure. Das Produkt, das sich daraus bildet, reizt die Schleimhäute, wenn es in Form von Dämpfen oder Spritzern auf diese gelangt. Die Folge sind tränende oder brennende Augen und dann viel Geschrei.

Die Kinder sollten sich, nachdem sie eine Zwiebel angefasst haben, unbedingt die Hände waschen. Wer weinen muss, darf nicht ein Handtuch zur Hilfe nehmen, an dem zuvor Zwiebelhände abgewischt wurden. Niemals mit Zwiebelhänden durchs Gesicht wischen.

Es hilft durch den Mund zu atmen. Das kann die Reizung jedoch nicht vollständig verhindern.

Helfen kann ein Zwiebelschneider (gibt es von verschiedenen Anbietern), in den Sie die Zwiebel hineinlegen. Wenn Sie den Deckel drehen, bewegt sich im Inneren ein Messer, welches die Zwiebel dann vollständig klein schneidet. So ist der Kontakt mit den Dämpfen nur sehr kurz und es wird wesentlich weniger geweint.

Die Zwiebel ist sehr vielfältig einsetzbar und schmeckt nach dem Kochen ganz anders als im rohen Zustand. Sie kann sogar süß schmecken.

Frühlingszwiebeln haben lange grüne Stiele, die Sie mitessen können. Sie schmecken viel milder und brennen nicht in den Augen!

Der Saft der Zwiebel lindert Insektenstiche und Ohrenschmerzen. Schneiden Sie dazu die Zwiebel in der Mitte durch und legen sie die offene Seite auf den Stich. Bei Ohrenschmerzen können sie die Zwiebeln in Scheiben oder Würfel schneiden. Wickeln Sie die Stückchen in ein Handtuch oder ein kleines Säckchen, legen Sie eine Wärmflasche darunter und die Dämpfe wirken mildernd.

Kartoffelstempel:

Kartoffeln können Sie auf sehr unterschiedliche Weise verwenden. Ob als ganze Kartoffel oder Bratkartoffeln, als Kartoffelbrei oder frittierte Kartoffeln – sie sind immer unterschiedlich und schmecken auch immer anders.

Kartoffeln können auch wunderbar für künstlerische Zwecke eingesetzt werden. Aus ihnen lassen sich ganz leicht Stempel herstellen. Wenn Sie Hemmungen haben und der Auffassung sind, dass man nicht mit Lebensmitteln spielen sollte, dann überlegen Sie, wie viele Rohstoffe und Energie für einen Stempel aus Moosgummi verwendet werden – Kartoffeln wachsen ganz einfach und schnell nach.

Benutzen Sie möglichst große Kartoffeln. Schneiden Sie mit einem Messer ganz einfache oder auch komplizierte Motive aus. Sie können das Motiv auch in die Kartoffel hineinritzen.

Die Kartoffeln sondern viel Flüssigkeit ab. Um beim Drucken keine verwässerten Ergebnisse zu bekommen, sollten Sie diese vor jedem Druck mit Küchenkrepp abtupfen.

Mit Kartoffelstempeln können Sie viele Dinge bedrucken: Papier, Pappe oder Stoff. Es müssen nur die entsprechenden Farben genutzt werden.

Der Stempel wird mit Farbe eingestrichen und dann auf die entsprechenden Materialien gedrückt.

Nach dem Drucken können die Stempel ganz leicht abgewaschen werden.

Da die Stempel Wasser abgeben, schrumpfen sie. Sie sind nach ein paar Tagen nicht mehr zu gebrauchen. Sie sollten sie dann auch entsorgen.

Lagerfeuerbrote, ungefähr acht Portionen

Zutaten:
- 1 kg Mehl
- 2 Päckchen Hefe
- 2 Teelöffel Honig
- 2 Tassen lauwarme Milch
- 2 Teelöffel Salz
- 4 Esslöffel Öl

Materialien:
- Schüssel
- Mixer mit Knethaken
- Handtuch
- Stöcke

Lagerfeuerbrote, ungefähr acht Portionen

Zubereitung:

Die Hefe, den Honig und das Mehl verrühren.

Milch, Öl und Salz dazugeben und mit den Knethaken des Mixers oder mit den Händen zu einem glatten Teig verkneten. Ist der Teig zu flüssig, noch ein bisschen Mehl hinzugeben, ist er zu zäh, noch ein wenig Milch hinzufügen.

Den Teig nun (zum Beispiel auf der Fensterbank in der Sonne oder an der Heizung) mit einem Handtuch zugedeckt gehen lassen.

Nach 30 bis 60 Minuten hat sich das Volumen des Teigs nahezu verdoppelt.

Kleine Teigstücke – etwa so groß wie halbe Brötchen – formen. Jedes Teigstück in ein bis zwei Zentimeter dicke Stränge rollen und dann wie eine Schnecke um die Stöcke wickeln.

Über der Glut eines Lagerfeuers ungefähr eine viertel Stunde lang immer wieder drehen.

Herzhaft überbacken

❗ Besonders beachten:

Stockbrote werden der Renner sein, sobald einige Kinder beisammen sind. Doch Sie sollten an ein paar Dinge denken. Lassen Sie sich die Stöcke schnitzen. Nehmen Sie ein paar Stöcke mehr als Kinder am Feuer sind. Die Stöcke werden an dem möglichst geraden Ende ungefähr zehn Zentimeter weit von der Rinde befreit. Die Stöcke sollten eine Länge von einem Meter haben. Am Feuer sollten mindestens zwei Erwachsene die ganze Zeit über die Kinder beaufsichtigen, damit nichts passiert.

Besonderer TIPP:

Bieten Sie den Kindern zu den Broten Marmelade, Butter, Kräuterbutter oder eine Quarkcreme an. Trockenes Brot allein wird den Kindern nicht in der Menge schmecken.

Weitere Angebote für ein unvergessliches Lagerfeuer:

Es gibt noch eine Menge anderer Dinge, die Sie rund um ein Lagerfeuer anbieten können. Folienkartoffeln sind einfach Kartoffeln, die Sie abwaschen, abbürsten und dann in Salz wenden, bevor sie diese in ein Stück Alufolie verpacken und in den glühenden Kohlen verscharren. Die Hitze verteilt sich besser, wenn Sie einen Nagel in die Kartoffel hineinstecken, den Sie natürlich vor dem Essen wieder entfernen. Die Garzeit in der Glut beträgt zwischen 30 und 40 Minuten. Zu der Kartoffel passen Kräuterquark, Butter, Kräuterbutter und so weiter.

Bananen lassen sich gut grillen. Das ist noch einfacher, weil sie bereits verpackt sind. Legen sie die Bananen auf einen Rost oberhalb der Glut und lassen sie diese solange dort, bis sie braun geworden sind. Die Schale oben öffnen und die Banane mit Honig beträufelt essen.

Als Nachtisch eignen sich Marshmallows wunderbar. Sie schmecken sehr gut, wenn sie zwei bis drei Minuten über dem Feuer gegart wurden.

Durchführung:

Ein Lagerfeuer können Sie zu jeder Jahreszeit veranstalten. Selbst im Winter schmecken warme Brote von einem Feuer im Schnee, nach dem Rodeln super gut! Ein Feuer dürfen Sie aber nur im privaten Bereich, in ausgewiesenen Bereichen oder unter Zustimmung der Eigentümer entfachen. Hier müssen Sie dafür sorgen, dass das Feuer nicht zu groß wird und auf die Umgebung übergreifen kann. Auch wenn ein Feuer scheinbar nicht mehr brennt, kann es noch sehr heiß sein und sich wieder neu entzünden. Achten Sie darauf, dass nichts passiert und informieren Sie die Kinder dementsprechend.

Bau einer Feuerstelle:

Es ist wichtig, dass der Bau einer Feuerstelle gut geplant wird und nicht plötzlich in Hektik durchgeführt wird. Es gibt mehre Möglichkeiten:

1. Erdloch:

Graben Sie in die Erde ein Loch, das ungefähr zwölf cm tief ist. Das Loch mit Holzkohle füllen und einen Rost darüber legen. Diese Feuerstelle eignet sich gut für Würstchen, Hacksteaks und Fleisch. Zum Feuern benutzen Sie hier Grillkohle.

2. Gemauerte Feuerstelle:

Wenn Sie eine solche Feuerstelle häufiger nutzen wollen, dann lohnt es sich, sie aus ein paar Ziegelsteinen im Garten zu bauen. Bauen Sie eine quadratische Feuerstelle, die an einer Seite offen ist. Zwischen die Steine kommt ein wenig Zement.

Löcher sind sogar erwünscht, denn sie sorgen für die nötige Zugluft. Wenn Sie ein Gitter darauf legen, können sie alles auf dieser Feuerstelle grillen, was sie auch auf einem Grill zubereiten. Lassen Sie dieses Gitter weg, dann können Sie Stockbrötchen darauf zubereiten. Sie können ein zuvor gegrabenes Erdloch einfach an den Seiten zumauern. Angefeuert wird diese Feuerstelle mit Kohle.

3. Eine ganz einfache Lösung:

Eine feuerfeste Wanne, z.B. aus Gusseisen, wird mit Holzkohle gefüllt. Ein Rost kommt darüber und schon ist die Feuerstelle fertig.

4. Das Lagerfeuer:

Für ein Lagerfeuer legen Sie zunächst einmal Steine in einem Kreis aus. Dann sammeln Sie trockene Zweige, die Sie wie ein Zelt in diesen Steinkreis hineinstellen, ein sogenanntes Pyramidenfeuer. Stecken Sie zwischen die Äste Papier und zünden Sie es an. Hier können Sie vor allem Speisen auf Spießen zubereiten, die in die Flamme oder später über die Glut gehalten werden. Das klappt sogar mit Würstchen. Sie können auch Folienkartoffeln in einem solchen Feuer zubereiten.

Vorsicht ist bei allen Arten von Feuer geboten. Achten Sie darauf, dass entsprechendes Löschmaterial, wie Eimer mit Wasser, Löschdecke und Feuerlöscher, in der Nähe ist. Es kann immer mal etwas passieren und es ist besser, vorbereitet zu sein und sofort reagieren zu können. Sollte eine Jacke Feuer fangen, drücken Sie das Kind mit der brennenden Seite auf die Erde und löschen so das Feuer. Denken Sie daran, das Feuer nach dem Grillen richtig zu löschen z.B. mit Sand!

Lagerfeuerbrote, ungefähr acht Portionen

Herzhaft überbacken

Käseauflauf mit Tomatensalat für vier Personen

Zutaten:
Fett für die Form
8 Scheiben Brot
8 Scheiben Käse
(Schweizer Käse, Gouda)
3 Eier
¼ Liter Milch
Salz, Pfeffer
8 Tomaten
1 kleine Zwiebel
2 Esslöffel Olivenöl
1 Esslöffel Essig
Basilikumblätter

Materialien:
Auflaufform
Backpinsel
Rührbesen
Schüssel
Messer
Schneidbrettchen

Käseauflauf mit Tomatensalat für vier Personen

Zubereitung:

Auflaufform fetten. Brot- und Käsescheiben abwechselnd hineinlegen.

Eier, Milch, Salz und Pfeffer verquirlen.

Masse über die Brot- und Käsescheiben gießen. Auflauf bei 200° C 40 Minuten in den Ofen geben.

Tomaten waschen und in Scheiben schneiden. Zwiebeln schälen und klein schneiden. Beides in eine Schüssel geben. Pfeffer, Salz, Öl und Essig dazu geben. Umrühren. Gewaschene Basilikumblätter darüber legen.

! Besonders beachten:

Bereiten Sie erst den Auflauf zu. Während der im Ofen ist, können Sie den Salat machen. So können Sie Zeit sparen. Fangen Sie erst mit dem Salat an, dauert es viel länger.

Besonderer TIPP:

Schneiden Sie aus den Tomaten den grünen Ansatz heraus. Der schmeckt oft etwas hölzern. Bei Kindern sind Tomaten ohne diesen Ansatz wesentlich beliebter.

Variationen:

Sie können statt des Tomatensalats einen Gurkensalat zubereiten. Lassen Sie dazu nur die Basilikumblätter weg. Einige Kinder mögen es nicht, wenn die Gurken oder Tomaten mit Dressing serviert werden. Bieten Sie daher auch Tomaten und Gurken auf einem Teller ohne Dressing an.

Schnittlauch:

Schnittlauch gehört zu den Pflanzen, die Sie sehr gut mit den Kindern im Blumentopf auf der Fensterbank, im Blumenkasten oder in einem Kräutergarten ziehen können.

Schnittlauch wächst horstartig. Das bedeutet, dass der Schnittlauch sich in einer Art Büschel anbauen lässt und er sich dann von dort ausbreitet. Die einzelnen Halme werden zwischen fünf und 50 Zentimeter hoch und bilden jeweils eine kleine Zwiebel. Besonders im Sommer, zwischen Mai und August, bildet der Schnittlauch viele lila Blüten mit langen spitzen Blütenblättern.

Entgegen der Ansicht, dass Halme mit Blüte nicht mehr genießbar sind, sind nicht nur die Halme, sondern auch die Blüten essbar und bilden zum Beispiel auf dem Käseauflauf einen tollen optischen Farbtupfer. Es werden sich jedoch nicht alle Kinder trauen, diese Blüten zu essen. Schnittlauch ist reich an Vitamin C, A und Eisen – ist also sehr gesund.

Brot:

Das Brot sollte in diesem Fall nicht ganz frisch sein. Es handelte sich bei dieser Art Auflauf früher um eine Mahlzeit für arme Leute. Altbackenes Brot wurde mit Käse und Milch so verarbeitet, dass es nicht mehr hart war und gegessen werden konnte.

Es eignet sich jedoch je nach Geschmacksrichtung jedes Brot für die Zubereitung.

Heiße Schüsseln und Töpfe:

Töpfe und Pfannen werden oft extrem heiß. Dies ist auch bei Auflaufformen der Fall. Kinder möchten gern so viel wie möglich mithelfen. Hier ist das sehr schwierig, denn sie können sich leicht verbrennen und das ist sehr schmerzhaft. Lassen Sie die Kinder die heißen Gefäße nie allein tragen! Wenn die Kinder unbedingt beim Tragen mithelfen wollen, dann sollten sie Handschuhe verwenden. In denen sind sie am besten geschützt. Topflappen verrutschen leicht und dabei können sich die Kinder dann sehr schnell verbrennen. Sollte doch mal etwas passieren, die betroffene Hautpartie sofort unter fließendes, kaltes Wasser halten. Auf keinen Fall Öl, Mehl oder sonstiges benutzen. Das einzige, was Sie tun können, ist kühlen. Wenn Sie Kühlpacks verwenden, dann umwickeln Sie diese mit einem Tuch, denn sonst kann das Kühlpack an der Haut festkleben.

Mülltrennung:

Da es regional verschiedene Trennungsverfahren gibt, wird an dieser Stelle nur allgemein darüber geschrieben. Bringen Sie den Kindern gleich von Anfang an bei, dass sie den Müll trennen sollen. Stellen Sie dazu verschiedene Behälter auf und erklären Sie den Kindern auch, warum Sie das so machen. Glas wird in der Regel getrennt in speziellen Behältern gesammelt. Bringen Sie Glas mit den Kindern gemeinsam weg. Sagen Sie Ihnen, dass aus den Glasscherben neues Glas hergestellt wird.

Biomüll können Sie entweder in städtischen oder kommunalen Tonnen entsorgen oder auf Ihrem Gelände auf einem eigenen Komposthaufen oder Komposter. Der bedarf jedoch ziemlich viel Pflege. Aber auch wenn Sie den Müll in der Biotonne entsorgen, können Sie den Kindern erzählen, dass daraus in bestimmten Deponien wieder sehr nahrhafte Erde hergestellt wird und dass deshalb keine Kunststoffteile und ähnliches im Biomüll landen sollten.

Papier wird zu neuem Papier verarbeitet. Und aus den meisten Verpackungsstoffen werden ebenfalls wieder neue hergestellt. Das funktioniert umso besser, je engagierter alle mithelfen und den Müll genau trennen.

Zumindest sollte das alles so sein – mancher verwertbare Müll landet auch in der Müllverbrennungsanlage, um die Temperatur zu erhalten. Doch das brauchen Sie den Kindern ja nicht unbedingt zu erzählen. Wichtig ist, dass sie das System der Mülltrennung verstehen und wissen, warum sie sich daran beteiligen sollen.

Halten Sie die Kinder dazu an, den Müll gleich zu trennen und zu entsorgen. Das Lagern auf einer Arbeitsplatte oder im Spülbecken sollte möglichst vermieden werden. Das kostet nachher nur mehr Zeit beim Aufräumen.

Frischkäse-Schinken-Hörnchen für acht Kinder

Zutaten:
1 Ei
125 g Butter oder Margarine
100 g Frischkäse
200 g Mehl
100 g Schinken
2 Esslöffel Honig
2 Esslöffel süße Sahne
125 g gemahlene Mandeln

Materialien: Schüssel, Mixer mit Knethaken, Messer, Löffel, Nudelholz

Frischkäse-Schinken-Hörnchen für acht Kinder

Zubereitung:

Das Ei trennen, das Eiweiß zur Seite stellen. Das Eigelb mit Mehl, Butter und Frischkäse zu einem Teig verkneten. Den Teig kaltstellen.

Schinken in kleine Würfel schneiden. Mit Mandeln, Honig und Sahne vermischen. Eiweiß zu Eischnee verarbeiten. Und unter die übrigen Zutaten heben.

Umluftbackofen auf 160° C vorheizen.

Teig ausrollen und in Dreiecke schneiden. Füllung auf die Dreiecke geben und dann zu Hörnchen aufwickeln.

Hörnchen ca. 30 Minuten backen.

❗ Besonders beachten:

Schauen Sie nach 25 Minuten durch die Scheibe des Ofens nach den Hörnchen. Wenn Sie goldbraun sind, dann sind sie richtig. Sind sie noch blass, dann dürfen sie noch etwas im Ofen bleiben. Dunkler als goldbraun sollten sie nicht werden.

Besonderer TIPP:

Der Eischnee muss besonders bearbeitet werden, damit er wirklich gelingt. Zunächst werden die Eier getrennt. Das Eigelb kommt in die eine Schüssel, das Eiweiß in eine andere. Am besten eignet sich dafür ein hoher Behälter, da das Eiweiß darin gleich weiterverarbeitet werden kann und nicht herausspritzt.

Achten Sie darauf, dass der Eischnee komplett geschlagen ist. Häufig ist unten im Becher noch flüssiges Eiweiß.

Der Eischnee wird dadurch gebildet, dass Luft in das Eiweiß hineingerührt wird. Durch die extreme Oberflächenspannung bleiben die kleinen Luftblasen bestehen und bilden so den Eischnee. Wenn er zu lange stehen muss, bis er weiterverarbeitet wird, zerfällt der Eischnee langsam wieder.

Wenn er unter eine angerührte Masse gehoben wird, dann muss dies langsam und vorsichtig passieren. Ansonsten platzen die Luftbläschen, die Luft entweicht und der Eischnee wird wieder zu Eiweiß. Dadurch ist die Masse, unter die er gerührt wird, nicht mehr so locker. Heben Sie ihn daher immer nur ganz vorsichtig mit einem Löffel unter.

Variationen:

Verändern Sie den Teig nicht. Aber mit den übrigen Zutaten können sie experimentieren. Lassen Sie den Schinken weg, nehmen Sie Käse hinzu. Geben Sie klein gehackte Nüsse dazu. Sie können noch zusätzlich Gartenkräuter zu der Füllung nehmen. Auch Schweinefilet schmeckt in diesen Hörnchen sehr gut. Wenn es mal ganz schnell gehen soll, dann können Sie fertigen Blätterteig nutzen.

Arbeiten mit Teig:

Wenn Sie Kindern Knetgummi geben oder sie im Sandkasten beobachten, dann wird Ihnen auffallen, dass die Kinder bei ungefähr der Hälfte der Spiele so tun, als ob sie Nahrungsmittel herstellen. Kuchen backen oder Arbeiten mit Teig stehen beim Spiel oft im Vordergrund. Wenn Kinder nun wirklich mit Teig arbeiten dürfen, freuen sie sich und sie werden kreativ. Wenn also die Hörnchen ganz andere Formen bekommen als die vorgesehene, dann lassen Sie ihnen den Spaß. Erst wenn die Kinder anfangen mit dem Teig zu spielen und sich nicht mehr konzentrieren können, sollten Sie eingreifen.

Gefahren:

In der Küche kann immer etwas passieren, damit müssen Sie rechnen. Kinder können sich aber genauso an einem Bleistift stechen. Meistens ist es so, dass Kinder, denen mehr zugetraut wird, wesentlich vorsichtiger sind, als solche, die nur behütet spielen dürfen.

Noch wichtiger als die richtige Behandlung von Verletzungen ist die Vermeidung im Vorfeld. Erklären Sie, dass Topf- und Pfannenstiele nicht über den Herd hinausragen dürfen. Das Anfassen der Herdplatten und des Backofens ist untersagt. Topfdeckel öffnen die Kinder nur unter Ihrer Anleitung und wenn etwas abgegossen werden muss, helfen Sie selbstverständlich mit. Kippelnde Stühle sind nicht geeignet um auf sie zu klettern, um dann besser an den Herd zu kommen. Achten Sie hier auf einen sicheren Stand der Hilfsmittel.

Es kann immer wieder zu kleinen Schnittverletzungen kommen, nicht nur mit Messern (mit denen am wenigsten passiert, weil die meisten Kinder vorsichtig sind) auch mit Kartoffelschälern, Verpackungen, Dosen und so weiter.

Für diese Zwecke sollten Sie immer Pflaster in der Küche bereitliegen haben. Das Pflaster stillt nicht nur die Blutungen schneller, sondern beruhigt auch das Kind, das sich geschnitten hat.

Verletzungen können Sie vermeiden, wenn sie die Kinder, eindringlich auffordern vorsichtig mit Messern und anderen scharfen Gegenständen umzugehen und diese nur im Sitzen zu verwenden. Müll, besonders scharfkantigen, sollten Sie sofort entsorgen.

Besonders wichtig ist es, die Kinder die ganze Zeit über nicht aus den Augen zu lassen und ihnen das Gefühl zu vermitteln, dass sie zwar für sich selbst verantwortlich sind, aber trotzdem beobachtet werden und um Hilfe fragen dürfen.

Kartoffel-Blumenkohlauflauf für vier Kinder

Zutaten: 1 kleiner Blumenkohl (etwa 800 g)
Salz
300 g festkochende Kartoffeln
150 ml Schlagsahne
100 ml Gemüsebrühe
1 Messerspitze Meerrettich (aus dem Glas)
Pfeffer
100 g Gouda am Stück
1 Esslöffel Butter

Materialien: 1 – 2 Töpfe, Messer, Schneidbrettchen, Kartoffelschäler, Schneebesen oder Löffel, Käsereibe, Auflaufform

Kartoffel-Blumenkohlauflauf für vier Kinder

Zubereitung:

Den Blumenkohl putzen und in kleine Röschen teilen, diese dann gut waschen und anschließen in Salzwasser acht bis zehn Minuten kochen.

Die Kartoffeln schälen und ebenfalls in Salzwasser kochen, bis sie weich sind. Abgießen, abtropfen lassen und dann in Scheiben schneiden.

Gemüsebrühe erhitzen, mit der Sahne und dem Meerrettich verrühren und mit Pfeffer und Salz würzen. Den Ofen auf 250° C vorheizen.

Herzhaft überbacken

Den Gouda reiben. In der, mit der Hälfte der Butter ausgefetteten, Auflaufform abwechselnd Blumenkohl und Kartoffeln schichten, Meerrettichsahne darüber gießen und zum Schluss den Käse darüber streuen. Die restlichen Butter in Flocken darüber geben.

20 Minuten im Ofen backen.

! Besonders beachten:

Achten sie beim Einkaufen darauf, dass der Blumenkohl frisch ist. Das erkennen Sie daran, dass die Blätter noch am Kohl anliegen und nicht welk sind. Frische Köpfe enthalten die meisten Vitamine und verbreiten keinen Kohlgeruch beim Kochen.

Besonderer TIPP:

Schütten Sie das Wasser, in dem der Blumenkohl gekocht wurde nicht weg, sondern bereiten Sie mit 100 ml davon die Gemüsebrühe zu, dann schmeckt der Auflauf intensiver nach Blumenkohl.

Variationen:

Sie können statt des Blumenkohls auch Broccoli verwenden oder Romanesco. Die Soße wird sämiger und gehaltvoller, wenn Sie ein Eigelb mit hineinrühren.

Salz im Wasser:

Zum Kochen gehört Salz ins Wasser. Es gibt verschiedene Meinungen dazu, wann das Salz ins Wasser gegeben werden sollte. Im Grunde ist es aber völlig unerheblich. Es gibt die Ansicht, dass sich kleine Partikel vom Topf lösen können, wenn man das Salz zu

früh ins Wasser gibt. Bewiesen ist das nicht. Energetisch ist es etwas besser, wenn man das Salz vor dem Kochen ins Wasser gibt. Sie müssten jedoch viel Salzwasser kochen, um das in Ihrer Energieabrechnung im Cent-Bereich zu spüren. Praktischer ist es, das Salz früher ins Wasser zu geben, denn wenn man das Salz ins fast kochende Wasser gibt, kocht es sofort auf und die Kinder könnten sich an dem sprudelnden Wasser die Finger, die noch nah am Topf sind, verbrennen. Das ist jedoch der einzige wirkliche Grund.

Pfeffer:

Pfeffer wurde im Mittelalter mit Gold aufgewogen. Er wuchs zwar weit entfernt, aber die Händler konnten vom Pfeffer gut leben. Schon vor 3000 Jahren kam der Pfeffer zu uns und gehört seitdem zu unseren Grundgewürzen. Es gibt verschiedene Pfefferarten. Alle haben eins gemeinsam: Sie verlieren besonders viel ihres Aromas beim Mahlen und bei der anschließenden Weiterverarbeitung. Darum ist es besser die Pfefferkörner direkt beim Kochen mit einer Mühle zu mahlen. Das macht den Kindern auch viel Spaß!

Achten Sie aber darauf, dass die Kinder wirklich nur eine Prise an das Essen geben, sonst wird das Essen zu scharf!

Meerrettich:

Meerrettich enthält viele Vitamine und ist sehr gesund. Die Pflanze ist ein Staudengewächs, die Wurzeln, die verarbeitet werden, sind 30 – 40 cm lang und ungefähr 6 cm dick. In der Küche wird der Meerrettich in geriebener Form verwendet. Man kann ihn abgepackt in Gläsern kaufen. Geöffnete Gläser sollten Sie recht schnell aufbrauchen, kaufen Sie darum möglichst kleine Gläser. Meerrettich aus dem Glas wird sobald  er mit Luft in Berührung kommt braun und schmeckt dann nicht mehr so gut. Auch den Meerrettich sollten Sie nur in ganz geringer Dosierung verwenden,

den Kindern ist er oft zu streng und scharf. Geben Sie daher, wenn Sie die Mengenangaben im Rezept verdoppeln, nicht viel mehr als eine Messerspitze dazu, verdreifachen Sie es, dann bleiben sie bei zwei kleinen Spitzen. Erzählen Sie den Kindern, dass es Gewürze gibt, die man nur in ganz kleinen Mengen hinzufügen darf, da sie sonst den Geschmack zu sehr beeinträchtigen, die aber in dieser kleinen Menge für einen guten Geschmack sorgen!

Prise, Messerspitze, Teelöffel und Esslöffel:

In den Rezepten finden sich oft Mengenangaben, die nicht ganz eindeutig sind. Das sind Angaben, die ein wenig vom Geschmack des Kochenden abhängen. Grundsätzlich gilt, dass man Löffel nicht überhäufen sollte, dass weniger meistens mehr ist.

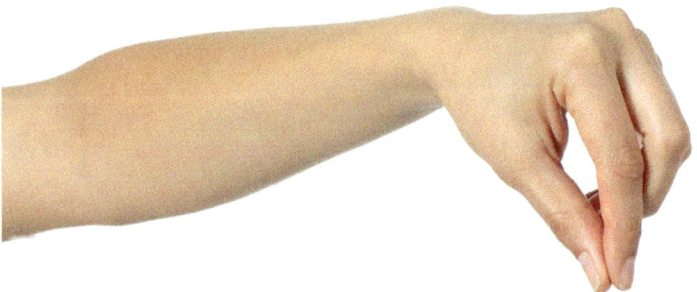

Eine Prise ist das, was man zwischen Daumen und Zeigefinger einer Hand nehmen kann.

Eine Messerspitze wird einmal ganz kurz in ein Glas getaucht.

Kartoffel-Blumenkohlauflauf für vier Kinder

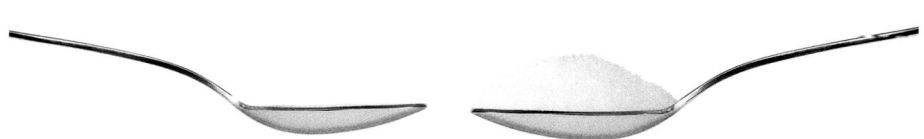

Wird von einem Löffel, egal ob Esslöffel oder Teelöffel, gesprochen, dann sollte dieser so bedeckt sein, als wäre eine Flüssigkeit darauf. Manchmal wird dies „gestrichener" Löffel genannt, also so, als sei oben mit einem Messer darüber gestrichen worden. Ein voller Löffel wird immer als gehäufter Löffel bezeichnet. Auf diesem bildet sich dann ein kleiner Berg.

Kartoffelplätzchen an Kräuterquark für drei Kinder

Zutaten: 100 g Speisequark, 20% Fett
Salz
Pfeffer
Petersilie, Schnittlauch, Thymian und Basilikum
250 g Kartoffeln
1 kleines Ei
1 Esslöffel Paniermehl
Pflanzenöl

Materialien: 2 Schüsseln, kleines Messer, Schneidbrettchen, Löffel, Bratpfanne, Pfannenwender

Kartoffelplätzchen an Kräuterquark für drei Kinder

Zubereitung:

Den Quark mit Salz und Pfeffer würzig abschmecken. Die Kräuter fein hacken und unter den Quark rühren. Einige Kräuter oben auf den Quark legen und ihn in den Kühlschrank stellen.

Rohe Kartoffeln schälen und fein raspeln. In der Schüssel mit Ei, Paniermehl, Salz und Pfeffer kneten. 6 Plätzchen daraus formen.

Das Fett in der Pfanne erhitzen. Die Plätzchen in die Pfanne legen und so lange braten, bis sie von einer Seite braun sind. Danach die Hitze auf mittlere Stufe reduzieren und die Plätzchen noch 5 Minuten von der anderen Seite braten. Zwischendurch die Plätzchen ein wenig bewegen, damit nichts anbrennt.

❗ Besonders beachten:

Wichtig für das Gelingen von Kartoffelpuffern und -plätzchen ist die Wahl der richtigen Kartoffelsorte. Nehmen Sie eine mehlig kochende Sorte. Diese enthalten viel mehr Stärke als festkochende Kartoffeln und haften darum wesentlich besser zusammen. Wenn Sie nicht sicher sind, dann fragen Sie ruhig nach!

Besonderer TIPP:

Um zu testen, ob das Fett heiß genug ist, feuchten Sie einen Finger ganz leicht an und schütteln Sie diesen oberhalb der Bratpfanne. Wenn sich dann Blasen bilden und es zischt, ist das Fett heiß genug, um etwas darin zu braten.

Variationen:

Statt der Kräutersoße können Sie mit den Kindern Apfelbrei zubereiten. Den Apfelbrei können sie an einem anderen Tag zubereiten und dann in gründlich gesäuberte und mit heißem Wasser ausgespülte Gläser mit Deckel geben. Dann ist er einige Zeit haltbar.

Apfelbrei können Sie aus heimischen Äpfeln herstellen. Diese werden geschält und entkernt und mit ein bisschen Zucker oder Honig (abhängig vom Geschmack der Äpfel) und etwas Wasser in einem Topf gekocht. Dabei zerfallen die Äpfel langsam und es bildet sich ein Brei. Entscheiden Sie selbst ob Sie ihn lieber stückig zubereiten oder pürieren. Sie können ihn frisch warm oder länger gelagert kalt essen. Wenn Sie Zitronensaft zugeben, werden die Äpfel nicht so schnell braun. Selbst Einkochen ist möglich. Säubern Sie dazu die vorhandenen Gläser (wie beim Beerensaft beschrieben) und spülen Sie sie noch einmal mit heißem Wasser aus. Füllen Sie den heißen Apfelbrei in die Gläser und verschließen Sie sie sofort. Beim Erkalten verliert der Brei an Volumen und es bildet sich ein leichter Unterdruck, der dafür sorgt, dass die Gläser wirklich dicht sind.

Kartoffeln pflanzen:

Kartoffeln können Sie in einer Ecke ihres Gartens selbst anpflanzen. Lassen Sie sich im Frühjahr beraten, welche Kartoffeln für Sie in Frage kommen. Eine Aussaat ist je nach Sorte zwischen Mitte März und Ende April möglich. Die Ernte kann dann wieder je nach Sorte zwischen Juni und September stattfinden. Wenn Sie also noch im Sommer ernten möchten, dann empfiehlt sich eine frühe Sorte, wenn Sie erst im Herbst Kartoffeln ernten möchten, nehmen Sie lieber eine späte Sorte.

Legen Sie die vorgekeimten Kartoffeln in Furchen mit einer Pflanztiefe zwischen fünf und zehn Zentimetern. Bei drei bis fünf Pflanzen sollten sie statt Furchen anzulegen einfach einen Abstand von 30-60cm zwischen den einzelnen Gewächsen einhalten. Wenn Triebe aus dem Boden schauen, sollten Sie zu Beginn immer wieder etwas Erde darüber anhäufen, denn so können Sie gewähren, dass die Triebe keinen Frost abbekommen.

Die Kartoffeln haben schöne Blüten und bilden oberirdische Früchte, die allerdings grün und nicht essbar sind.

Die Kartoffeln bilden sich in der Nähe der Wurzeln. Grüne Kartoffeln sind nicht essbar! Sie können einen Teil der Ernte einlagern. Das sollte in möglichst dunklen Räumen geschehen, je heller und wärmer es ist, desto schneller beginnen die Kartoffeln zu keimen.

Herzhaft überbacken

Paniermehl:

Paniermehl oder Semmelbrösel können Sie fertig im Supermarkt kaufen oder beim Bäcker. Es wird ganz einfach hergestellt. Alte, harte Brötchen werden fein gemahlen. Das können Sie selbstverständlich mit den Kindern selbst machen – falsch können Sie dabei wenig machen und es macht den Kindern eine Menge Spaß - aber Sie werden das Paniermehl sehr weiträumig verteilt finden...

Achten Sie darauf, dass Sie nur hartes Brot nehmen, das auf keinen Fall angeschimmelt ist. Kommt Ihnen etwas seltsam vor, entsorgen Sie es lieber. Schimmel auf Brot kann sehr unangenehme Folgen haben und ernsthafte Krankheiten bei Menschen auslösen, die antibiotisch behandelt werden müssen! Am besten trocknen Sie Brot an der Luft – nicht in Tüten, dann dauert es nur ein bis zwei Tage.

Lagern Sie es möglichst trocken – dann ist es sehr lange haltbar.

Verwenden können Sie es für Hackfleisch, um die Masse ein wenig zu strecken, beim Backen, um die Form damit auszustreuen und in vielen weiteren Rezepten.

Einkaufen:

Gehen Sie mit den Kindern einmal auf einen Markt zum Einkaufen oder fahren Sie mit dem Bus dorthin. Viele kaufen Obst und Gemüse nur noch im Supermarkt und kennen die Auswahl auf einem Markt nicht, wo man vielleicht sogar mal etwas probieren darf.

Noch besser ist es natürlich, wenn Sie die Kartoffeln direkt von einem Bauern beziehen und mit den Kindern einen Bauernhof besuchen, um sich dort anzuschauen, wie die Pflanzen aussehen und wie geerntet wird.

Herzhaft überbacken

Gemüse-Pfannkuchen für drei Kinder

Zutaten: 250 g Speisequark (20%)
100 ml Milch
3 Eier
100 g Weizenvollkornmehl
Salz, Pfeffer
250 g Broccoli
150 g Möhren
2-3 Esslöffel Butterschmalz
geriebener Parmesan

Materialien: Schüssel, Mixer oder Löffel, Messer, Schneidbrettchen, Topf, Sieb, Bratpfanne

Gemüse-Pfannkuchen für drei Kinder

Zubereitung:

Quark, Milch und Eier verrühren. Das Mehl unterrühren und mit Salz und Pfeffer würzen. Den Teig zur Seite stellen.

In der Zwischenzeit den Broccoli säubern und klein schneiden. Röschen von den Stielen trennen. Gesalzenes Wasser aufsetzen und zum Kochen bringen. Auf mittlere Hitze schalten und zunächst die Stiele ins Wasser geben. Nach 5 Minuten die Röschen dazugeben. Weitere fünf Minuten im Wasser belassen und dann in ein Sieb geben und mit möglichst kaltem Wasser abspülen und abtropfen lassen.

Herzhaft überbacken

Die Möhren säubern, in feine Streifen schneiden und für drei Minuten in das noch heiße Wasser geben. Ebenfalls kurz mit kaltem Wasser abspülen und dann abtropfen lassen.

Schmalz in die Pfanne geben. Wenn der Teig zu zäh erscheint, etwas Wasser hinzufügen. Dann den Teig in die Pfanne geben, etwas stocken lassen und dann erst das Gemüse und danach den Parmesankäse darauf geben. Zugedeckt stocken lassen.

! Besonders beachten:
Backen Sie nicht einen großen Pfannkuchen, sondern lieber mehrere kleine. Die Kinder können ja noch nachnehmen. Ist ein großer aber erst einmal angefangen, dann möchte ihn niemand mehr aufessen.

Besonderer TIPP:
Wenn Sie während des Stockens die Pfanne immer ein wenig schütteln, dann können die Pfannkuchen nicht so leicht am Pfannenboden festbacken.

Variationen:
Sie können statt Broccoli und Möhren auch Blumenkohl und Möhren nehmen. Aber auch viele andere Gemüsesorten sind denkbar. Zum Beispiel können Sie Champignons oder Paprika verwenden. Die sollten sie jedoch nicht kochen, sondern ein paar Minuten in zerlaufener Butter schwenken.

Wenn Sie bunte Paprikawürfel auf ihrem Pfannkuchen möchten, lassen Sie die Würfel fünf Minuten in heißem Wasser ziehen und spülen Sie sie dann wie die Möhren und den Broccoli kurz mit kaltem Wasser ab.

Ebenso eignen sich Tomaten und grüne Kräuter. Die Tomaten werden nur zwei

Gemüse-Pfannkuchen für drei Kinder

Minuten ins heiße Wasser gelegt und die Kräuter kommen nach dem Waschen und zerkleinern direkt auf die Pfannkuchen.

Wenn Sie wollen, können Sie die Kinder wählen lassen, welches Gemüse sie am liebsten essen möchten und bieten mehrere Arten an!

Blanchieren:

In diesem Rezept wird das Gemüse blanchiert. Das hört sich schwieriger an, als es ist.

Die klassische Art des Blanchierens ist, die Zutaten (zum Beispiel Gemüse) nur für kurze Zeit in heißen Wasserdampf zu halten, oder, sie für kurze Zeit, unter Zugabe von Wasser, bei niedriger Temperatur in der Pfanne zu erhitzen. Hier verwenden wir eine einfache Abwandlung: Das Gemüse wird einfach nur kurz in heißem Wasser gekocht und dann mit kaltem Wasser wieder abgekühlt. Durch das Abkühlen wird der Kochprozess unterbrochen. Das Gemüse bleibt einerseits schön knackig andererseits wird es bekömmlicher und keimfrei.

Der Name kommt aus dem Französischen und besagt nichts anderes als „weiß machen". Der Name kommt daher, dass Fleisch, wenn es so behandelt wird eine weiße Farbe bekommt.

Quark:

Quark wird aus Kuhmilch hergestellt und ist ein Frischkäse. Es gibt ihn mit unterschiedlich hohem Fettgehalt. Den hier verwendeten Quark mit einem Fettgehalt von 20% bezeichnet man als Speisequark. Es gibt noch Magerquark mit weniger Fett und Sahnequark mit einem höheren Fettgehalt.

Vegetarisch:

Dieses Gericht ist absolut vegetarisch! Das Schmalz ist kein Schweineschmalz sondern Butterschmalz (siehe unten).

Butterschmalz:

Butterschmalz ist auch unter den Namen Schmalzbutter, geklärte Butter, geläuterte Butter oder eingesottene Butter bekannt. Der Butter wird hierfür durch Erwärmen das Wasser, das Milcheiweiß und der Milchzucker entzogen.

Herzhaft überbacken

Es hat ähnliche Eigenschaften wie Schmalz, ist aber nicht aus Schlachtfett hergestellt sondern aus Kuhmilch.

Die Herstellung ist absolut einfach. Die Butter muss bei schwacher Hitze in einem Topf erhitzt und etwa dreißig Minuten lang flüssig gehalten werden. Dabei verdampft ein großer Teil des Wassers. Das Milcheiweiß setzt sich in Form von kleinen Klümpchen am Boden ab. Durch das Abschöpfen des Schaums und das Herausfiltern, zum Beispiel durch einen Kaffeefilter oder ein Baumwolltuch, werden sie vom Rest getrennt.

Sie müssen Butterschmalz natürlich nicht selbst herstellen, sondern können es industriell gefertigt kaufen. Bei dieser Fertigung werden nach dem Erhitzen Wasser, Milcheiweiß und Milchzucker herausgefiltert. Danach wird das Schmalz erneut erhitzt und dann mit Luft aufgeschlagen.

Aus 100 g Butter kann man 70 g Butterschmalz gewinnen. Es lässt sich viel stärker erhitzen und eignet sich besonders gut zum Braten und Frittieren.

Butterschmalz ist viel haltbarer als Butter. Ungekühlt hält es sich neun Monate, gekühlt im Kühlschrank sogar 15 Monate.

GEMÜSE-PFANNKUCHEN FÜR DREI KINDER

Stocken:

Speisen, die Eier enthalten, werden beim Erhitzen fest. Diesen Vorrang nennt man Stocken. Bei Pfannkuchen kann man zusehen, wie vom Rand aus die Masse fest wird.

Herzhaft überbacken

Bratwurst im Teig für vier Kinder

Zutaten: 300 g Tiefkühlhefeteig
1 Bund Petersilie
1 Teelöffel Salz
Pfeffer
1 Messerspitze Paprika-Gewürz
1 rote Paprikaschote
Mehl zum Formen
8 Nürnberger Würstchen
1 Eigelb zum Bestreichen

Materialien: Schneidbrettchen, kleines Messer, Nudelholz, Backpinsel

Zubereitung:

Kräuter waschen und klein schneiden. Zusammen mit Salz, Pfeffer und Paprikapulver unter den aufgetauten Teig kneten.

Den Teig in vier gleich große Teile teilen und auf der bemehlten Unterlage ausrollen.

Ofen auf 200° C vorheizen.

Paprika waschen und in kleine Würfel schneiden.

Je zwei Würstchen und ein Viertel der Paprikawürfel in die Mitte des Fladens legen. Teig von rechts und links zuklappen und fest drücken.

Das Ei verquirlen und mit einem Pinsel auf die Oberseite des Teigs streichen.

30 Minuten backen.

❗ Besonders beachten:

Dieses Gericht kann sehr schnell zubereitet werden, aber es kann etwas Zeit in Anspruch nehmen, den Teig auftauen zu lassen. Denken Sie deshalb daran, den

Herzhaft überbacken

Teig am Abend vorher (wenn Sie morgens backen möchten) oder am frühen Vormittag (wenn Sie nachmittags backen möchten) auftauen zu lassen. Der Tiefkühlteig ist in der Regel in Platten portioniert und die tauen am schnellsten auf, wenn sie nebeneinander liegen und nicht in der Packung bleiben.

Das Auftauen in der Mikrowelle geht viel schneller. Passen Sie aber gut auf, dass Sie nicht aus Versehene eine falsche Einstellung wählen und den Teig überhitzen.

Besonderer TIPP:

Diese Würstchen im Teigmantel schmecken nicht nur warm gut. Sie können Sie gut kalt essen. Darum eignen sie sich besonders gut für eine Feier oder für ein Frühstücksbüffet. Und nicht nur Kinder mögen diese Würstchen gern – machen Sie lieber ein paar mehr für die Erwachsenen.

Variationen:

Sie können noch mehr Gemüse zu den Würstchen hinzufügen (zum Beispiel Tomaten oder Gurken). Sie können die Nürnberger Würstchen gegen Geflügelwürstchen austauschen. Sie können auch das Fleisch ganz weglassen, dann passt der Name zwar nicht mehr, aber das ist nicht dramatisch. Stattdessen können Sie Käse (Streichkäse oder Hartkäse, eventuell in geraspelter Form) in den Teig geben.

Ketchup:

Viele Kinder sind es gewöhnt zu ihrem Essen (besonders zu Würstchen) Ketchup zu essen. Eigentlich ist gegen Tomatensoße nichts einzuwenden, doch Ketchup enthält mehr als nur ein paar Tomaten, im Besonderen eine ganze Menge Zucker. Eigentlich unnötig, denn Tomaten sind schon süß und es muss nicht noch zusätzlich Zucker zum Essen hinzugefügt werden. Reichen Sie lieber ein paar Tomatenspalten oder Tomatenpüree als Soße.

BRATWURST IM TEIG FÜR VIER KINDER

Petersilie:

Petersilie ist das bekannteste Kraut der deutschen Küche. Sie ist äußerst dekorativ zum Beispiel in Suppen, zu Fleisch, Fisch und Salaten. Petersilie gibt es mit glattem und mit gezacktem Rand. Sie enthält viel Vitamin C, das sehr belebend ist und gegen Frühjahrsmüdigkeit hilft. Petersilie wird auch als Heilkraut eingesetzt, wobei die Konzentration in diesem Fall wesentlich höher ist als in der normalen Verwendung in der Küche.

Petersilie eignet sich hervorragend um sie in einem Kräutergarten oder in einem Blumenkasten vor dem Fenster anzupflanzen. Eigene Kräuter schmecken immer besser und es ist für die Kinder viel interessanter, die eigenen Kräuter wachsen zu sehen.

Um ein ertragreiches Jahr zu haben, sähen Sie Petersilie bereits im Februar aus. Sie bleibt dann aber noch im Haus im Blumenkasten. Erst Mitte März können Sie die Keime dann nach draußen bringen. Bis in den Oktober hinein können Sie Petersilie ernten.

Petersilie können Sie nach der Ernte säubern, kleinhacken und einfrieren, dann ist sie das ganze Jahr über zu verwenden!

Nürnberger Würstchen:

Mit vollem Namen heißen diese Würstchen „Original Nürnberger Rostbratwürstchen". Sie werden aus grobkörnigem Schweinefleisch hergestellt und in einen Schafsaitling gefüllt. Sie sind recht klein (ca. sieben bis neun Zentimeter lang). Ihren typischen Geschmack erhält diese Wurst vor allem durch Majoran, der ihr beigegeben wird.

Diese Würstchen dürfen nur im Stadtgebiet von Nürnberg hergestellt werden. Es gibt mehrere Legenden, die sich um sie gebildet haben – eines haben Sie aber fast alle gemeinsam: Die Würstchen sind so klein, dass sie sich durch ein (altes) Schlüsselloch schieben ließen.

In gleicher Größe gibt es aber inzwischen andere Würstchen zu kaufen, die sie problemlos für dieses Rezept verwenden können.

Mehl zum Formen:

Roher Teig hat die Eigenschaft zu kleben. Dadurch hält er einerseits zusammen, andererseits klebt er aber an allen möglichen anderen Dingen, wie Tischplatte, Nudelholz, Fingern, an denen er eigentlich nicht kleben sollte. Um das zu verhindern streuen Sie die Arbeitsfläche mit Mehl ein. Ebenso streuen Sie die Werkzeuge und die Hände, die mit dem Teig in Berührung kommen, mit Mehl ein, dann kann der Teig nicht festkleben.

Bratwurst im Teig für vier Kinder

Salz-Käsestangen, ungefähr 25 Stück

Zutaten:
150 g Mehl
½ Teelöffel Backpulver
Salz
½ Teelöffel Paprikagewürz
1 Ei und 1 Eigelb
2 Esslöffel Milch
50 g eiskalte Butter
½ Bund Basilikum
100 g Gouda

Materialien: Schüssel, Mixer mit Knethaken, Reibe, Backblech, Backpapier, Backpinsel

SALZ-KÄSESTANGEN, UNGEFÄHR 25 STÜCK

Zubereitung:

Das Mehl mit Salz, Backpulver und Paprika mischen. Mit dem ganzen Ei, der Milch und der Butter schnell zu einem Teig verkneten. Basilikumblättchen abzupfen und fein hacken. Den Käse fein reiben und zusammen mit den Basilikumblättern unter den Teig kneten.

Zu einer Kugel formen und eine Stunde in den Kühlschrank stellen.

Den Ofen auf 175° C vorheizen.

Den Teig in fünf gleich große Stücke teilen und diese wiederum durch fünf teilen. Jedes einzelne Stück zu einer kinderfingerdicken Stange formen, danach auf das mit Backpapier ausgelegte Backblech legen.

Das zweite Ei trennen, das Eigelb mit etwas Wasser verrühren und die Stangen damit einstreichen.

Auf mittlerer Schiene 15 Minuten backen.

! Besonders beachten:

Mürbeteig muss immer schnell zubereitet werden. Die Butter sollte richtig kalt sein. Wenn der Teig beim Zubereiten zu warm wird, dann wird das fertige Gebäck nicht mürbe, wie es werden sollte, sondern zäh und schmeckt nicht gut.

Achten Sie darauf, dass die Kinder beim Formen nicht zu lange an den Stangen herumkneten. Erklären Sie, dass der Teig dann nicht mehr schmeckt.

Variationen:

Man kann diese Stangen mit Sesam, mit Mohn oder mit groben Salzkörnern bestreuen, vor dem Backen und nach dem Bestreichen mit Eigelb.

Dazu passt ein frischer Kräuterquark zum Dippen. Auch Frischkäse schmeckt sehr gut dazu.

Wenn ihre Kinder keinen Käse mögen, dann lassen Sie diesen einfach weg.

Wenn es mal schneller gehen soll, können Sie tiefgefrorenen Blätterteig verwenden, die Platten einzeln auftauen lassen und dann daraus Stangen drehen.

Verwendung:

Die Stangen können Sie in größeren Mengen herstellen und dann für Feiern und Feste nutzen.

Sie sind zwei bis drei Tage problemlos haltbar. Aber bitte nicht in luftdicht verschlossenen Gefäßen, denn dann wird das Gebäck matschig.

Backzeit:

Die Backzeit und Temperatur müssen gerade bei Backwaren immer genau eingehalten werden. Heizen Sie den Ofen vor.

Allerdings kann es sein, dass die Temperatur bei älteren Backöfen trotz richtiger Einstellung schwankt und sie nicht mehr so gut backen. Wenn Sie das merken, dann schauen Sie sich die Backwaren an und verlängern Sie die Backzeit eventuell ein wenig. Versuchen Sie es das nächste Mal mit einer etwas höheren Temperatur. Ist der Ofen zu heiß, kann leicht etwas verbrennen und schwarz werden. Schauen sie zwischendurch immer wieder nach, ob das Backgut vielleicht zu schnell zu dunkel wird. Reduzieren Sie dann die Temperatur.

Sie sollten aber nicht alle fünf Minuten die Tür öffnen, denn dadurch verlieren Sie einerseits eine Menge Energie, da immer wieder nachgeheizt werden muss. Andererseits ist es so, dass die Temperatur im Ofen dann ziemlichen Schwankungen unterliegt und das sollten Sie vermeiden.

Eigene Stangen:

Backen Sie mit mehreren Kindern, zum Beispiel bei einem Geburtstag, im Kindergarten oder in der Schule, dann bietet es sich an, kleine Schildchen neben die Stangen zu legen. Auf diese können die Kinder ihre Namen schreiben. Wird lediglich etwas in den Teig geritzt, dann löst sich die Schrift beim Backen auf und nachher gibt es Streit, wem welche Stange gehört!

Salz-Käsestangen, ungefähr 25 Stück

Dreikornbrot

Zutaten: je 30 g von drei verschiedenen Körnern,
z.B. Sonnenblumenkerne, Leinsamen, Getreidekörner
500 g Mehl
½ Teelöffel Salz
1 Päckchen Backpulver
¼ l Buttermilch
1 Ei
Milch zum Bestreichen des Brotes und etwas Milch für den Teig

Materialien: Schüssel, Löffel, Mixer mit Knethaken, Messer,
Backblech, Backpapier, Messer, Backpinsel

Dreikornbrot

Zubereitung:

Den Backofen auf 175° C vorheizen. Mehl in eine große Schüssel geben.

Mit Salz, Backpulver und den Körnern vermischen.

Buttermilch und das Ei dazu geben und alles mit dem Mixer verrühren. Wenn der Teig zu fest oder zu trocken sein sollte, dann können Sie noch etwas Milch hinzugeben.

Den Teigkloß zunächst rundlich formen und dann oben etwas abflachen. Die Oberfläche mit einem Messer einritzen.

Das Backblech mit Backpapier auslegen und den Teig darauflegen. Brot mit Milch einstreichen.

Das Brot 40 bis 50 Minuten backen. Danach auf einem Gitter auskühlen lassen.

❗ Besonders beachten:

Wenn Sie Körner oder Samen verwenden, die geschält sind, dann schmecken diese besser, wenn sie vorher in der Pfanne (ohne Fett) geröstet werden. Dabei immer gut wenden, damit sie nicht anbrennen.

Besonderer TIPP:

Brot lässt sich sehr gut einfrieren. Und dann auftauen, wenn es gebraucht wird. Sie sollten es dann allerdings schnell essen, da es nach dem Auftauen nicht mehr lange frisch bleibt.

Das Brot können Sie entweder im Ganzen einfrieren, oder Sie schneiden es vorher in Scheiben. Anschließend können Sie die Scheiben einzeln auftauen oder in den Toaster stecken, dann geht es schneller.

Wenn sie selbstgebackenes Brot einfrieren, dann lassen Sie es erst vollständig (am besten über Nacht) auskühlen, da es aus energetischen Geschichtspunkten unsinnig wäre, das warme Brot einzufrieren und dadurch den Gefrierschrank unnötig zu erhitzen.

Backen im Backofen oder im Bratenschlauch:

Es gibt auch die Möglichkeit, das Brot nicht auf einem Blech sondern in einem Schlauch zu backen. Im Schlauch kann man dem Brot auch jede gewünschte Form (rund, oval, länglich) geben, der Schlauch kann sich dem anpassen. Backpapier, Einfetten und vor allem das Reinigen werden überflüssig.

Das Brot bleibt, da die Flüssigkeit nicht entweicht, schön saftig, bekommt aber eine feste und schmackhafte Kruste.

Für die Zubereitung schneiden Sie den Schlauch einfach auf die gewünschte Länge. Das Brot dann in den Schlauch geben. Mit einer Nadel den Schlauch an mehreren Stellen einstechen. Die Zubereitung erfolgt dann nach Rezept. Nach dem Backen den Schlauch sofort entfernen.

Warmes Brot = Bauchschmerzen?

Wer warmes Brot isst, soll eigentlich sofort Bauchschmerzen bekommen, zumindest wird dies immer wieder weitergegeben. Als Erklärung dazu wird oft angeführt, dass die Gärmittel, wie zum Beispiel Hefe, noch weitertreiben und sich dann im Bauch ausdehnen. Wenn das so wäre, dann würden sich Backwaren auch dann noch ausdehnen, wenn sie aus dem Ofen kommen. Das tun sie aber nicht, denn sie werden beim Backen am weiteren Aufgehen gehindert. Warmes Brot kann man bedenkenlos essen, so wie man ja auch warme Waffeln isst und keine Bauchschmerzen bekommt.

Diese Geschichte hält sich sicherlich schon sehr lange. In den 30er und 40er Jahren gab es eine Brotverordnung, nach der das gebackene Brot erst am nächsten Tag gegessen werden durfte. Wahrscheinlich hatte das den Hintergrund, dass Lebensmittel knapp waren und warmes weiches Brot nicht so lange reichte wie abgekühltes hartes Brot. Da muss man mehr kauen und darum reichte das Brot länger.

Sie können den Kindern das warme Brot also bedenkenlos zum Essen geben!

Buttermilch:

Buttermilch ist ein Nebenprodukt der Butterherstellung und hat einen leicht säuerlichen Geschmack. Buttermilch wird mit bis zu 10% Wasser oder bis zu 15% Magermilch versetzt. „Reine Buttermilch" hingegen wird bei der Herstellung von Süßrahmbutter oder leicht gesäuerter Butter gewonnen.

Süßes aus dem Ofen

Bratäpfel, Zutaten für vier Äpfel

Zutaten:
4 Äpfel
1 Teelöffel Zimt
10 g Rosinen
10 g Haselnusskerne
3 Esslöffel Orangensaft
2 Esslöffel Honig
750 ml Milch
1 Päckchen Vanillepuddingpulver
Butter zum Einfetten

Materialien:
Apfelausstecher
Schüssel
Handrührgerät
Topf
Löffel
Handrührgerät

BRATÄPFEL, ZUTATEN FÜR VIER ÄPFEL

Zubereitung:

Äpfel waschen und die Kerngehäuse mit dem Apfelausstecher entfernen.

Rosinen und Haselnusskerne mit Zimt, Orangensaft und Honig verrühren. In die Äpfel füllen.

Äpfel für 30 Minuten in einer Auflaufform in den Backofen stellen (200° C).

In der Zwischenzeit den Vanillepudding mit der Milch nach Rezept zubereiten, er wird als Soße zu den Äpfeln gereicht.

❗ Besonders beachten:

Es ist besser, das Backblech mit Backpapier auszulegen. Damit verhindern Sie, dass die Äpfel am Backblech anbrennen.

Es ist einfacher, schneller und auch lustiger, die Äpfel mit einem Ausstecher zu entkernen, als es mit einem Messer zu versuchen.

Süßes aus dem Ofen

Besonderer TIPP:

Die Äpfel sind recht heiß, wenn sie aus dem Ofen kommen. Lassen Sie sie noch ein paar Minuten auskühlen, sonst verbrennen sich die Kinder daran und wollen sie nicht mehr essen.

Verwenden Sie möglichst kleine Äpfel und backen Sie lieber zwei bis drei mehr. Manche Kinder essen keinen ganzen Apfel und dann wandert der Rest in den Müll und das wäre schade.

Variationen:

Bratäpfel können Sie in vielen verschiedenen Variationen backen. Fragen Sie die Kinder vorher, ob sie Haselnüsse mögen, Sie können diese sonst auch durch Mandeln oder Pistazien ersetzen. Bieten Sie vielleicht auch Marzipan (Marzipanrohmasse) an, auch damit kann man einen Apfel füllen.

Es sieht auch nett aus, wenn Sie Mandelstifte, wie Stacheln in den Apfel stecken. Rosinen drücken Sie als Augen in den Apfel. Er sieht dann wie ein kleiner Igel aus.

Wir können auch statt der Äpfel Bananen halbieren, diese mit Orangensaft übergießen, dann mit Rosinen, Zimt, Honig und Mandeln bedecken und anschließend wie die Äpfel backen.

Herkunft:

Früher wurden die Bratäpfel im Kamin zubereitet. Das ist natürlich auch heute noch möglich. Dazu wurden die säuerlichen, härteren Sorten (wie zum Beispiel Boskop) genommen, die im Sommer noch hart eingelagert und dann im Winter herausgeholt wurden. Süße Sorten eignen sich nicht so gut dazu.

Bei der ursprünglichen Variante wurde das Kerngehäuse nicht entfernt. Der Apfel wurde so lange gebraten, bis die Schale aufplatzte. Erst dann wurde er mit Zucker bestreut. Oft mögen es Kinder jedoch nicht so gern, wenn das Kerngehäuse noch enthalten ist. Schon so eine Kleinigkeit kann sie dann davon abhalten den Apfel überhaupt zu essen.

Äpfel:

Es gibt ganz verschiedene Sorten Äpfel, grüne, rote, gelbe – große, kleine und Äpfel in verschiedenen Formen und Geschmacksrichtungen.

Die Kinder wissen in der Regel, dass im Apfel Kerne zu finden sind, sie kennen aber nicht die genaue Aufteilung. Schneiden Sie den Apfel nicht wie gewohnt von oben nach unten auf, sondern quer. Dann können die Kinder das Kerngehäuse einmal aus einer ganz anderen Perspektive anschauen. Die fünf Kammern sind sichtbar, die jeder Apfel hat und in denen sich die Kerne befinden.

Machen Sie mit Ihren Kindern einen Apfelprobiertag und kosten Sie mehrere Äpfel. Welche schmecken süß und welche sauer? Welche sind hart und welche weich?

Waschen Sie die Äpfel, schneiden Sie sie in Ringe und hängen Sie sie zum Trocknen auf. Fast genauso einfach können Sie Apfelmus kochen. Schälen Sie die Äpfel und entfernen Sie die Kerngehäuse. Dann lassen sie die Äpfel verkochen. Dazu können sie etwas Zucker und Zitronensaft geben.

Auch einfach und vor allem lecker für die meisten Kinder sind Apfelpfannkuchen. Schneiden Sie geschälte, kleine Apfelspalten in Pfannkuchenteig hinein und backen sie diese mit.

Feste:

Bratäpfel eignen sich gut für Geburtstage oder für ein Kindergarten- oder Schulfest. An einem Geburtstag können Sie die Äpfel in kleine Spalten schneiden, bevor Sie sie braten. Sonst haben Sie eventuell nachher fünf halb angebissene Äpfel auf den Tellern liegen.

Süßes aus dem Ofen

Honiglebkuchen für sechs kleine Weihnachtshelfer

Zutaten:	125 g Butter	Materialien:	Löffel
	175 g brauner Zucker		Topf
	4 Esslöffel Honig		Schüssel
	350 g Mehl		Nudelholz
	1 Teelöffel Backpulver		Messer
	1 Esslöffel Zimtpulver		Backblech
	1 geschlagenens Ei		Ausstechförmchen
	einige Korinthen		

HONIGLEBKUCHEN FÜR SECHS KLEINE WEIHNACHTSHELFER

Zubereitung:

Backofen auf 190° C vorheizen. Backblech einfetten.

Butter, Zucker und Honig in einen Topf geben und bei niedriger Temperatur kochen. Die ganze Zeit dabei rühren, bis alles geschmolzen ist.

Mehl, Zimt und Backpulver verrühren, die Zucker-Honig-Mischung und das Ei hinzufügen. Erst mit dem Löffel umrühren und dann durchkneten. Den Teig dann für 30 Minuten in den Kühlschrank stellen.

Arbeitsfläche und Nudelholz mit Mehl bestäuben und dann den Teig ungefähr einen halben Zentimeter dick ausrollen. Formen ausschneiden oder ausstechen.

Die Lebkuchen auf das Backblech legen und den restlichen Teig wieder neu ausrollen. Muster einritzen oder die Korinthen hineinstecken.

Alternativ können sie auch Lebkuchenmänner ausschneiden, eine Vorlage dazu finden Sie auf S. 225.

Zehn bis 15 Minuten backen, bis sie goldbraun sind.

! Besonders beachten:

Denken Sie daran, den Teig genauso dick auszurollen, wie es im Rezept angegeben ist. Wird er dünner, dann besteht beim Backen die Gefahr, dass er verbrennt. Die Lebkuchen brechen dann auch leichter und schneller. Wenn Sie zu dick sind, dann backen sie nicht richtig durch.

Besonderer TIPP:

Kinder drücken sich sehr gern überall die Nasen platt, wo sie etwas beobachten können. Leider sind Backöfen dazu nicht geeignet. Selbst wenn das Glas so isoliert ist, dass es nicht heiß wird, kann an irgendwelchen Stellen immer Hitze entweichen und natürlich wenn die Kinder die Tür aufziehen. Darum bringen Sie ihnen von Anfang an bei, dass ein Backofen heiß ist und man ihn nur vorsichtig anfassen darf. Ein Zeichen dafür, dass der Ofen heiß ist oder gerade heiß wird, kann das eingeschaltete Licht sein. So verstehen die Kinder schnell und einfach, dass sie die Scheibe nicht anfassen dürfen.

Variationen:

Natürlich können Sie die Lebkuchen auch mit einer Puderzuckerglasur verzieren. Dazu rühren Sie in den Puderzucker ganz kleine Mengen Zitronensaft ein, bis Sie eine zähflüssige streichbare Masse haben.

Wenn Sie diese Puderzuckerglasur färben wollen, können Sie zum Beispiel für eine rote Färbung statt des Zitronensafts Kirschsaft verwenden, Blaubeersaft färbt blau. So können Sie auf Lebensmittelfarben verzichten – ohne auf Farben verzichten zu müssen!

Korinthen:

Korinthen sind eine kleine, kernlose Rosinensorte. Ihre Farbe ist schwarzbraun bis schwarzblau. Ihr Geschmack ist besonders intensiv. Ursprünglich stammen sie aus der griechische Stadt Korinth und werden seit dem 15. Jahrhundert in Deutschland nachweislich unter dem Namen Korinthen verwendet.

Sie werden reif geerntet und dann in der Sonne oder im Schatten getrocknet, bis sie nur noch 15 bis 20% ihres ursprünglichen Flüssigkeitsgehaltes haben. Dadurch wird der Fruchtzuckeranteil höher und beträgt ca. 60%. Daher eignen sie sich besonders gut für Süßspeisen.

Zimt:

Zimt ist eines der ältesten Gewürze. Häufig wird Zimt zur Weihnachtszeit verwendet. Er besteht aus der zu Stangen gerollten Rinde des Zimtbaums. Er wird zu einem feinen Pulver gemahlen und hat einen typischen Geschmack. Allerdings ist Zimt in den letzten Jahren auch ziemlich kritisch begutachtet worden. Untersuchungen haben ergeben, dass Zimt einen Stoff enthält, der Kopfschmerzen, Leberprobleme, bis hin zu -schäden hervorrufen kann und der in Versuchen bei Ratten sogar Krebs verursacht hat. Dieser Stoff nennt sich Cumarin und kommt vorwiegend im sogenannten Cassia-Zimt in hohen, schädlichen Mengen vor, der vor allem in China und Indonesien angebaut wird. Beim Ceylon-Zimt betragen die Mengen dagegen nur ein Hundertstel der Menge an Cumarin. Diesen Zimt bekommen Sie in Drogerien und Reformhäusern.

Süßes aus dem Ofen

Lagerung der Lebkuchen:

Zu Weihnachten stellt sich die Frage, was man wem schenken sollte. Plätzchen kann man verschicken oder Marmelade, die noch an den letzten Sommer erinnert oder eben diese Lebkuchenmänner und Lebkuchenfrauen. Ganz wichtig dabei ist die richtige Lagerung.

Die Lebkuchenfiguren sind, wie andere Lebkuchen auch, drei bis vier Monate haltbar, wenn man sie richtig lagert.

Lebkuchen muss, bevor er verpackt wird, richtig auskühlen. Das ist nach ein bis zwei Tagen der Fall.

Danach sollten die Lebkuchen in einer verschließbaren Blechdose gelagert werden. Auf den Boden der Dose und zwischen die einzelnen Lebkuchenschichten sollten Sie Butterbrotpapier legen. Auch über die oberste Schicht sollten sie noch ein Blatt legen.

Sollte der Lebkuchen zu hart sein, so können Sie für zwei Stunden einen frisch angeschnittenen Apfel mit in die Dose legen. Dadurch werden die Lebkuchen wieder weicher!

HONIGLEBKUCHEN FÜR SECHS KLEINE WEIHNACHTSHELFER

Vorlage für Lebkuchenmänner und -frauen:

Süßes aus dem Ofen

Eischwerkuchen

Zutaten: 5 Eier
250 g Zucker
250 g Mehl
250 g Margarine/Butter
und etwas zum Einfetten für die Form
1 Prise Salz
Paniermehl

Materialien: Mixer mit Rührstäben
Schüssel
Backpinsel
Teigschaber
Backform

Eischwerkuchen

Zubereitung:

Backofen auf 190° C Heißluft vorheizen.

Eier in die Rührschüssel geben. Den Zucker hinzufügen und mit dem Mixer schaumig schlagen, bis die Masse eine gleichmäßige weiße Farbe hat.

Nun das Mehl, das Fett und die Prise Salz hinzufügen und solange weiter rühren, bis alles gut vermengt ist.

Form einfetten und etwas Paniermehl hinzufügen, dann lässt sich der Kuchen besser aus der Form lösen.

Teig in die Form geben und glatt streichen. 60 Minuten backen.

Teig nach dem Backen noch fünf Minuten unter einem Tuch auskühlen lassen und dann die Form stürzen, damit der Kuchen heraus kommt.

! Besonders beachten:

Erklären Sie den Kindern eindringlich, dass sie nie ihre Finger in die sich noch drehenden Rührstäbe halten dürfen, weder um Teig zu probieren noch um die klemmende Spindel anzustoßen. Das kann zu ganz bösen Verletzungen führen. Die Rührstäbe dürfen nur dann ein- und ausgebaut werden, wenn der Mixer nicht am Strom angeschlossen ist. Bevor Sie den Stecker in die Steckdose stecken, sollten Sie noch einmal prüfen, ob das Gerät ausgeschaltet ist.

Besonderer TIPP:
Wenn Sie die Backform beim Vorheizen schon kurz in den Ofen stellen, lässt sich das Fett, mit dem die Backform bestrichen wird, viel besser verteilen.

Zusammensetzung:
Bei diesem Kuchen sind alle Zutaten so schwer wie ein Ei. Das mag zunächst komisch klingen, ist aber tatsächlich so. Sollten Sie also mal die Zusammensetzung vergessen, dann wiegen Sie einfach ein Ei (das wiegt ca. 50 g) und berechnen alle anderen Zutaten (Mehl, Zucker, Fett) genau nach der Anzahl der Eier. Bei 5 Eiern müssen also alle Zutaten 250 g wiegen, bei einem kleinen Kuchen mit 2 Eiern nur 100 g. Daher hat der Kuchen seinen Namen (Eischwerkuchen – alles ist so schwer wie die Eier).

Backpulver kommt in diesen Kuchen nicht – auch kein anderes Backtriebmittel, dieser Kuchen ist so locker, dass das nicht notwendig ist.

Variationen:
Dieses Rezept können Sie unendlich variieren. Für einen Rosinenkuchen fügen Sie ganz zum Schluss Rosinen hinzu. Wenn Sie diese vorher einmehlen, sinken sie nicht im Kuchen ab.

Teilen Sie den Teig in zwei Teile. Geben Sie zum dem einen Teil zwei Esslöffel Kakaopulver und einen Esslöffel Milch und verrühren Sie alles gut. Wenn Sie den Teig nun in zwei Schichten in die Kuchenform geben und mit der Gabel mit leicht kreisenden Bewegungen ein bisschen verrühren, dann bekommen Sie einen Marmorkuchen.

Für einen Schokoladenkuchen können Sie Schokoladenraspel hinzufügen oder den ganzen Kuchenteig mit vier Esslöffeln Kakaopulver und zwei Esslöffeln Milch verrühren.

Einen Orangenkuchen erhalten Sie, wenn sie dem Teig die geriebene Schale einer unbehandelten Orange hinzufügen. Nachdem der Kuchen aus der Form kommt, stechen Sie mit einer langen Stricknadel an mehreren Stellen hinein und träufeln Orangensaft über den Kuchen.

Der Teig eignet sich auch für einen Blechkuchen. Für ein Blech benötigt man acht bis neun Eier, also 400 – 450 g der übrigen Zutaten. Äpfel oder Pflaumen schmecken toll darauf.

Sie können mit diesem Grundrezept auch einen runden Kuchen mit Füllung backen. Nutzen Sie dazu einfach eine Springform und füllen Sie den Teig hinein. Nach dem Backen teilen Sie den Teig mit einem Faden in zwei übereinander liegende Teile, wie auf Seite 262 (siehe Heidelbeerkuchen) beschrieben. Sie können den Kuchen nun nach Ihren Ideen füllen und mit einem Guss überziehen.

Kuchenformen:

Es gibt ganz verschiedene Formen. Da gibt es die Gugelhupfform, das ist die klassische runde Kuchenform mit dem Loch in der Mitte. Darin können sie die meisten der oben angegebenen Variationen backen. Sie können natürlich auch eine Kastenform oder jede andere Form verwenden, die sie zur 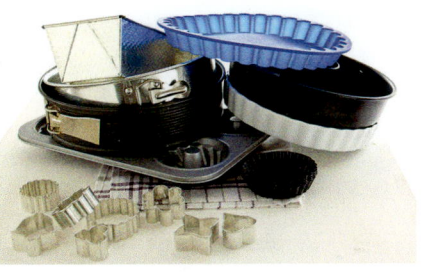 Verfügung haben. Inzwischen gibt es auch Tiere, Autos, Comicfiguren, Herzen und so weiter. Je kleinteiliger die Form ist, desto schwieriger wird es jedoch den Kuchen aus dieser Form herauszubekommen ohne dass er dabei beschädigt wird. Denken Sie daher unbedingt an das Einfetten und an das Paniermehl.

Weiterhin gibt es Springformen. Diese bestehen aus zwei Teilen. Der Rand wird durch einen Verschluss am Boden befestigt. Achten Sie darauf, dass er wirklich zu ist, denn sonst läuft der Teig raus. Springformen gibt es sowohl für runde Kuchen als auch für Kuchen mit einem Loch in der Mitte. Der Vorteil dieser

Formen ist, dass sich der Kuchen leichter aus der Form löst, da sich der Rand entriegeln lässt. Auch hier sollten Sie aber vorab den Rand mit einem Messer lösen.

Neben den klassischen Metallformen gibt es schon seit längerem beschichtete Formen und seit einigen Jahren auch solche aus Silikon. Überprüfen Sie die beschichteten Formen regelmäßig, aus ihnen löst sich der Kuchen zwar leichter, manchmal löst sich aber auch die Beschichtung mit ab.

Die Silikonformen brauchen manchmal, solange der Teig noch flüssig ist, ein wenig Halt auf der einen oder anderen Seite, sonst beulen sie aus. Es handelt sich bei Silikon um keinen Kunststoff im herkömmlichen Sinne. Silikon ist hitzebeständig. Als Ausgangsmaterial für die Herstellung wird häufig Sand benutz. Sie müssen also keine Angst haben, dass sich die Kuchenform plötzlich vor Ihren Augen auflöst. Denken Sie aber auch bei der Silikonform daran, diese gut zu fetten, denn auch hier bleibt der Kuchen sonst haften.

Besondere Gelegenheiten:

Kuchen schmeckt immer, aber besonders zum Geburtstag darf ein richtiger Geburtstagskuchen natürlich nicht fehlen. Dieses Rezept eignet sich sehr gut dazu und mit Zuckerguss und Kerzen wird der Kuchen etwas ganz Besonderes.

WEIHNACHTSSCHNITTEN, 20 STÜCK

Weihnachtsschnitten, 20 Stück

Zutaten:
175 g weiche Butter
200 g brauner Zucker
4 Eier
500 g Mehl
1 Päckchen Backpulver
1/8 l Milch
1 Tüte Lebkuchengewürz
75 g Nougatcreme
2 Esslöffel ungesüßtes Kakaopulver
200 g Aprikosenmarmelade

Materialien: Schüssel, Mixer, Backblech, Backpapier, Messer, Löffel

WEIHNACHTSSCHNITTEN, 20 STÜCK

Zubereitung:

Den Ofen auf 200° C vorheizen. Ein Backblech mit Backpapier auslegen.

Butter in eine Schüssel geben und schaumig schlagen. Eier und Zucker dazugeben und die Masse solange schlagen, bis sich alle Zuckerkristalle gelöst haben und die Masse eine hellgelbe Farbe hat.

Mehl und Backpulver miteinander mischen und mit der Milch abwechselnd in den Teig rühren. Zum Schluss kommen noch das Lebkuchengewürz, das Kakaopulver und die Nougatcreme hinzu.

Den Teig auf das Backblech streichen und dabei einen zwei Finger breiten Rand lassen. Das Ganze auf die mittlere Schiene im vorgeheizten Backofen stellen und etwa 30 Minuten backen lassen. Noch im warmen Zustand in gleichmäßige rechteckige Stücke schneiden.

Die Aprikosenmarmelade in einem kleinen Topf erwärmen und mit dem Löffel auf die Schnitten streichen.

! Besonders beachten:

Denken Sie gleich zu Anfang daran, den Backofen vorzuheizen. Backwaren müssen gleich zu Beginn mit einer hohen Anfangstemperatur gebacken werden, sonst besteht die Gefahr, dass der Kuchen außen zu hart wird und innen noch roh (klitschig) ist. An dieser Stelle ist es nicht sinnvoll Energie sparen zu wollen! An jedem Ofen gibt es eine Anzeige, die anzeigt, ob die gewünschte Temperatur erreicht ist.

Variationen:

Den Kuchen können Sie noch mit Zuckerguss überziehen. Dafür rühren Sie Puderzucker in Wasser glatt. Den Zuckerguss streichen Sie vor dem Aufschneiden über den Kuchen.

Einfrieren von Rührteigkuchen:

Kuchen dieser Art aus Rührteig können Sie gut einfrieren. Dazu schneiden Sie den Kuchen in größere Stücke und frieren diese ein. Erst nach dem Auftauen schneiden Sie ihn klein und glasieren ihn. Besonders gut und frisch schmeckt der Kuchen, wenn Sie ihn nach dem Auftauen, in Alufolie gewickelt, zehn Minuten bei ca. 200° im Ofen aufbacken. So können Sie ihn jederzeit schnell servieren, wenn Sie ihn benötigen.

WEIHNACHTSSCHNITTEN, 20 STÜCK

Saisongebäck:

Zur Weihnachtszeit wird immer viel gebacken. Durch seinen Lebkuchengeschmack ist der Kuchen schon eher in der Weihnachtszeit anzusiedeln, aber er schmeckt das ganze Jahr über gut und erinnert dann ein bisschen an Weihnachten.

Aufbewahren:

Diesen Kuchen können Sie ein paar Tage in Dosen aufbewahren. Zum Verschenken können Sie ihn in Servietten verpacken.

Lebkuchengewürz:

Lebkuchengewürz ist eine Gewürzmischung, die hauptsächlich in der Weihnachtszeit verwendet wird. Sie können Lebkuchengewürz selber herstellen.

Eine mögliche Mischung wäre:

35 g Zimt, 9 g Nelken, 2 g Piment (Nelkenpfeffer), 2 g Koriander, 2 g Ingwer, 1 g Kardamom, 1 g Muskatnuss

Die einzelnen Gewürze sollten gemahlen sein, dann müssen Sie sie nur noch gut vermengen. Da Sie ein Gramm schlecht abwiegen können, nehmen Sie eine Messerspitze von den jeweiligen Gewürzen. Wenn Sie zwei Gramm benötigen, nehmen Sie zwei Messerspitzen. Insgesamt kommt eine Menge dabei heraus, die etwas mehr als 50 g wiegt.

Backpapier:

In vielen Rezepten taucht Backpapier/Backtrennpapier auf. Dieses Papier sorgt dafür, dass das Backgut nicht auf dem Blech festbäckt und sich leichter lösen lässt. Seit nahezu 20 Jahren enthält das Papier, dass es im Handel zu kaufen gibt, auch keine belastenden Stoffe mehr, die durch das Backgut in die Nahrungskette gelangen könnten. Alternativ können Sie Backunterlagen aus Silikon verwenden. Sie lassen sich lange Zeit wiederverwenden. Wenn Sie komplett auf die Antihaftbeschichtung verzichten möchten, dann spülen Sie das Blech mit warmen Wasser ab und fetten es anschließend mit Butter oder Margarine ein.

Sollten dennoch einmal Kuchenreste an das Backblech gekommen sein, dann weichen Sie das Blech nach dem Backen gleich in Wasser mit Spülmittel ein. Dann lassen sich die Reste relativ leicht entfernen.

Kakaopulver:

Es gibt Kakaopulver, das Sie nur noch in Milch einrühren müssen. Das ist Instantpulver, das fertig gesüßt ist.

Zum Backen benötigen Sie aber Kakaopulver, das nicht gesüßt ist. Achten Sie darauf, dass Sie nicht das falsche verwenden, denn sonst wird der Kuchen viel zu süß!

Weihnachtsschnitten, 20 Stück

Schokoladenplätzchen, 30 Stück

Zutaten:
100 g Butter
3 Esslöffel Honig
1 Prise Salz
1 Ei
100 g Vollkorn-Mehl
1 Teelöffel Backpulver
80 g Vollkorn-Haferflocken
100 g gehackte Mandeln
200 g Schokoladenraspel
100 g Blockschokolade

Materialien: Schüssel, Schneebesen, Löffel, Backblech, Backpapier, 2 Teelöffel, Wasserbad, Rost

Schokoladenplätzchen, 30 Stück

Zubereitung:

Den Backofen auf 175° C vorheizen.

Butter, Honig, Salz, das Ei und einen Esslöffel heißes Wasser in eine Schüssel geben und mit dem Schneebesen schaumig schlagen. Das Mehl mit dem Backpulver mischen und löffelweise unter den Teig rühren. Danach die Mandeln, Haferflocken und die Schokoraspel ebenfalls unterrühren.

Backblech mit Backpapier auslegen. Mit zwei Teelöffeln haselnussgroße Portionen auf das Backblech legen und 15 Minuten auf mittlerer Schiene backen.

Die Schokolade im Wasserbad schmelzen und dann die Plätzchen zur Hälfte eintauchen. Danach zum Trocknen auf ein Rost legen.

❗ Besonders beachten:

Nachdem die Schokolade erstarrt ist, können Sie die Plätzchen in eine luftdicht verschlossene Dose legen, dann sind sie länger haltbar. Legen Sie zwischen jede Schicht eine Lage Pergamentpapier (Butterbrotpapier).

Süßes aus dem Ofen

Besonderer TIPP:

Legen Sie die Plätzchen in einem Abstand von ungefähr fünf Zentimetern auf das Backblech. Dann besteht keine Gefahr, dass die Plätzchen beim Backen ineinander laufen.

Es wird gerade bei den Kindern nicht immer ohne kleinere „Unfälle" gehen, aber wenn die Plätzchen nicht alle gleich rund sind, ist das gar kein Problem, denn die Kekse können ruhig verschiedene Formen haben!

Haferflocken:

Es gibt mehrere verschiedene Arten Haferflocken. Die zartesten Flocken sind die Schmelzflocken, diese werden überwiegend für Babynahrung genutzt und enthalten nur einen Teil des Korns. Vollkornhaferflocken hingegen sind fest und kernig und lösen sich beim Kontakt mit Wasser nicht auf. Wie Vollkornmehl, sind sie aus nicht geschälten (Hafer-)Körnern hergestellt. Wenn Ihnen die Kekse mit Vollkornflocken zu hart werden können Sie auch Schmelzflocken nehmen.

Backpulver:

Backpulver ist ein Backtriebmittel. Sobald Feuchtigkeit an das Pulver kommt, entsteht eine chemische Reaktion. Ähnlich wie in einer Sprudelflasche bilden sich kleine Bläschen. Die steigen aber nicht nach oben, sondern lockern den Teig auf und lassen sein Volumen ansteigen. Das Backpulver wird  so wie wir es heute kennen seit 1854 produziert. Zunächst kauften es jedoch meistens Bäcker in großen Mengen zum Brotbacken.1891 begann Apotheker Oetker in Bielefeld das Backpulver in kleinen Portionen abzupacken und an Hausfrauen für den täglichen Bedarf zu verkaufen. Die Zusammensetzung ist bis heute unverändert.

SCHOKOLADENPLÄTZCHEN, 30 STÜCK

Naschen:

Nicht nur in der Weihnachtszeit lieben es die Kinder zu naschen. Doch in dieser Zeit bekommen sie von vielen Seiten besonders viele Süßigkeiten zugesteckt. Da stellt sich die Frage, ob man das noch unterstützen soll oder lieber keine Plätzchen zu Weihnachten backt. Kekse und Süßigkeiten gehören zu Weihnachten und in die Adventszeit. Da ist es immer noch besser, wenn die Kinder mit Vollkornprodukten zubereitete Plätzchen essen, als wenn sie die Süßigkeiten aus der Tüte essen. Sie können sicher sein, dass die Kinder von diesen Plätzchen keine zu großen Mengen essen werden, denn sie sind sehr sättigend.

Versuchen Sie lieber den Kindern das ganze Jahr über beizubringen, dass Obst gesünder ist als Süßigkeiten und ganz toll schmeckt. Versuchen Sie beim Frühstück abwechslungsreichen Brotaufstrich anzubieten und nicht nur Nussnougatcreme. Zeigen Sie ihnen, wie toll es schmeckt, wenn man einen Joghurt mit selbst gesammelten Früchten verfeinert.

Eines sollten Sie noch beachten: Honig ist zwar wertvoller als industriell hergestellter Zucker, allerdings enthält er eine Menge Kohlenhydrate und ist genauso schädlich für die Zähne!

Wenn die Ernährung grundsätzlich ausgewogen ist, dann darf auch in der Weihnachtszeit das ein oder andere Plätzchen gegessen werden!

Süßes aus dem Ofen

Wasserbad:

In einem Wasserbad werden Lebensmittel erhitzt, die keinen direkten Kontakt mit der Herdplatte haben dürfen. Das Erhitzen ist im Wasserbad gleichmäßiger. Schokolade, aber auch Soßen werden oft im Wasserbad erhitzt.

Das Wasser übernimmt dabei eine Art Pufferrolle.

Es gibt spezielle Wasserbadtöpfe zu kaufen und auch elektrisch betriebene Geräte, die Wasserbad heißen. Wenn Sie soetwas nicht haben, dann macht das gar nichts. Nehmen Sie einfach einen großen Topf und füllen ihn etwa zu einem Drittel mit Wasser. In diesen Topf stellen Sie eine Metallschale. Wenn Sie nun das Wasser im Topf erhitzen, dann hat das den gleichen Effekt.

Sie müssen jedoch folgendes beachten: Wenn das Wasser kocht, wackelt die Schale im Topf und heißes Wasser kann schnell herausspritzen. Prüfen Sie daher immer wieder.

Schokoladenplätzchen, 30 Stück

Süßes aus dem Ofen

Kartoffelwaffeln, sechs Portionen

Zutaten: 3 mittelgroße Kartoffeln
250 ml Milch
2 Würfel Hefe
1 Esslöffel Zucker
6 Eier
750 g Mehl
Salz
125 ml Buttermilch
Öl

Materialien: Schüssel, Messer, Sieb, Reibe, Topf, Rührbesen oder Mixer mit Knethaken, Waffeleisen

KARTOFFELWAFFELN, SECHS PORTIONEN

Zubereitung:

Die Kartoffeln schälen, reiben und auf einem Sieb abtropfen lassen. Dabei den Saft auffangen.

Hefe mit Zucker zusammen in die lauwarme Milch geben und zur Seite stellen.

Mehl, Eier, Buttermilch, Salz und die Kartoffelmasse in eine Schüssel geben. Den gesammelten Saft vorsichtig wegschütten, damit die weiße Stärke, die sich unten gesammelt hat, nicht aus Versehen mit weggeschüttet wird. Die Stärke ebenfalls zu der Masse hinzugeben. Zum Schluss die Hefemilch hinzufügen. Alles zu einem Teig verarbeiten.

Teig mit einem Tuch darauf an einem warmen Ort ungefähr eine Stunde ruhen lassen.

Waffeleisen mit Öl auspinseln und im heißen Gerät die Waffeln backen.

Süßes aus dem Ofen

Möhrenwaffeln, acht Portionen

Zutaten:	300 g Möhren
	100 g Butter
	5 Eier
	2 Esslöffel Honig
	150 g Mehl
	1 Teelöffel Backpulver
	100 g gemahlene Nüsse
	Puderzucker
Materialien:	Kartoffelschäler, Messer, Reibe, Schüssel, Rührbesen, Waffeleisen

MÖHRENWAFFELN, ACHT PORTIONEN

Zubereitung:

Möhren schälen und fein raspeln.

Butter schaumig schlagen. Nacheinander Honig und Eier zufügen und zu einer cremigen Masse verrühren.

Mehl, Backpulver und Nüsse miteinander vermischen. Möhren dazugeben und verrühren. Löffelweise in den Teig einrühren.

Teig ungefähr 30 Minuten ruhen lassen.

Waffeleisen fetten und dann die Waffeln darin ausbacken.

Mit Puderzucker bestäuben.

! Besonders beachten:

Jedes Waffeleisen funktioniert ein wenig anders. Eine Kontrollleuchte gibt in der Regel an, wann das Eisen befüllt werden kann und wann der Teig fertig ist. Probieren Sie aus, wie die Waffeln am besten werden. Manchmal muss man ein wenig länger oder kürzer backen.

Süßes aus dem Ofen

Besonderer TIPP:

Kinder essen in der Regel sehr gerne Waffeln. Bei diesen Waffeln sind gesunde Zutaten untergemischt. Die Kinder werden sie trotzdem genauso begeistert essen, wie sonst.

Variationen:

Sie können zu den Waffeln auch geschlagene Sahne reichen. Das steigert die Sättigung durch die Mahlzeit noch.

Backformen:

Es gibt inzwischen Silikonbackformen mit denen sich Waffeln backen lassen. Der Teig wird eingefüllt und die Formen dann in den heißen Ofen geschoben.

Zusammensetzung:

Diese Waffeln sind durch die Gemüsebeigabe sehr gehaltvoll und eine richtige Mahlzeit. Die Kinder werden recht schnell satt davon sein. Geben Sie den Kindern daher nicht eine komplette Waffel, sondern teilen Sie diese in kleine Stücke.

MÖHRENWAFFELN, ACHT PORTIONEN

Süßes aus dem Ofen

Birnen-Quarkauflauf für vier Kinder

Zutaten: 2 Birnen
2 Esslöffel Zitronensaft
40 g weiche Butter
2 Eier
150 g Speisequark
150 ml Milch
75 g Schmelzkäse
20 g gehackte Walnüsse
125 g Grieß
1 Teelöffel Backpulver

Materialien: Kartoffelschäler, Messer, flache Schale, Auflaufform, Backpinsel, zwei Schüsseln, Mixer, Gabel, Schneebesen

Birnen-Quarkauflauf für vier Kinder

Zubereitung:

Birnen schälen, halbieren, das Kerngehäuse und den Stiel entfernen. Zitronensaft in eine flache Schale geben und Birnen darin wenden.

Die Auflaufform mit der Hälfte der Butter ausstreichen und die Birnen, mit der glatten Seite nach unten, hineinlegen.

Die Eier trennen. Das Eigelb mit der restlichen Butter schaumig schlagen.

Den Käse mit einer Gabel fein zerdrücken, mit den Walnüssen, dem Grieß und dem Backpulver zum Quark geben. Alles mit dem Schneebesen gründlich vermischen. Milch und Eigelbbutter ebenfalls unterrühren. Alles mit dem Schneebesen gründlich vermischen. Das Eiweiß mit sauberen Rührstäben steif schlagen und mit einer Gabel vorsichtig unter den Teig heben.

Die Masse über die Birnen in die Auflaufform geben.

Auf mittlerer Schiene in den Backofen stellen, bei 200° C ungefähr 50 Minuten backen.

❗ Besonders beachten:

Der Auflauf ist, wenn er aus dem Backofen kommt, noch recht heiß. Stellen Sie darum nicht die komplette Auflaufform auf den Tisch, sondern geben Sie einzelne Portionen auf Tellern aus. Birnen lassen sich dabei leicht mit dem Löffel teilen. Planen Sie die Portionen nicht zu groß, damit die Kinder es schaffen können. Es wäre schade, wenn sie zu viel davon wegwerfen müssten. Bleibt etwas übrig, dann finden Sie bestimmt andere dankbare Abnehmer.

Besonderer **TIPP**:

Legen Sie die Birnen immer in eine Richtung, so dass das breite Ende immer am Stielende liegt. Zwei Birnen liegen dabei nebeneinander, so können Sie die Form am besten ausnutzen.

Allerdings macht es überhaupt nichts, wenn die Kinder die Birnen in die Form legen und die Birnen kreuz und quer in der Auflaufform liegen – am Geschmack ändert sich dadurch nichts!

Variationen:

Als Farbtupfer können Sie nach dem Backen frische gehackte Kräuter auf den Auflauf streuen. Nehmen Sie Schnittlauch oder Petersilie, das passt am besten. Kräuter, die sehr intensiv schmecken, eignen sich nicht so gut, da sie vom Geschmack des süßen Auflaufs ablenken.

BIRNEN-QUARKAUFLAUF FÜR VIER KINDER

Dazu passt:

Ein grüner Salat passt hervorragend, auch Brot ist gut geeignet! Fruchtschorlen oder kalter Früchtetee sind dazu eine gute Erfrischung.

Birnen:

Birnen werden schon sehr lange in unserer Küche verwendet. Hauptanbaugebiete liegen in Mitteleuropa und Südeuropa. Birnen sind ebenso süß wie Äpfel, enthalten aber wesentlich weniger Säure als diese und sind damit besser bekömmlich. Außerdem enthalten sie viel Eisen, was einer Blutarmut entgegenwirkt, Kalium, das wichtig für den Stoffwechsel ist und durch ihren Phosphatgehalt wird das Nervensystem gestärkt.

Schmelzkäse:

Um diesen Käse zu produzieren werden mehrere andere Käsesorten zusammen weiterverarbeitet. Der Käse wird gerieben, mit Schmelzsalzen und Wasser gemischt und dann bis er flüssig wird erhitzt. Die Käsemasse wird nun in Formen gefüllt und zum Abkühlen gestellt. Dieser Käse wird nicht fest, sondern bleibt in einer etwas klebrigen, aber streichfähigen Form. Schmelzkäse wird oft für Soßen verwendet.  Häufig ist der Käse mit Gemüsestückchen (z.B. Paprika oder Tomate) oder anderen Zugaben (z.B. Schinken) versetzt. Für dieses Rezept benötigen Sie einen Käse ohne weitere Zusätze. Die meisten Kinder mögen diese Art von Käse lieber als festen Käse.

Süßes aus dem Ofen

Grieß:

Grieß wird aus Weizen hergestellt. Er ist kleinkörnig gemahlen. Die Herstellung erfolgt ähnlich wie beim Mehl. Allerdings wird die Mühle etwas anders eingestellt, damit das Produkt grobkörniger wird. Grieß kann wie Mehl zur Kuchenherstellung genutzt werden.

Hartweizengrieß wird aus besonderem Hartweizen hergestellt und für die Nudelherstellung genutzt.

Walnüsse:

Nicht nur zur Weihnachtszeit finden Walnüsse eine besondere Verwendung. Das ganze Jahr über werden sie in Süßspeisen, Kuchen und in pikanten Gerichten verwendet.

Wenn Sie die Schalen nicht (zum Beispiel zum Basteln) verwenden wollen, dann nehmen Sie am besten gleich klein gehackte Nüsse, der Aufwand steht sonst in keinem Verhältnis zu seinem Nutzen.

Nussallergiker lassen die Nüsse in diesem Rezept ganz einfach weg!

Hier noch zwei kleine Bastelideen mit heilen Walnusshälften:

Puppenbettchen:

Kleben sie ein bisschen Watte in die Nussschale. Auf die Watte kleben sie eine kleine Kugel oder Perle. Die ist der Kopf der Babypuppe. Die „Puppe" wird nun so zugedeckt, dass man nur den Kopf sieht, dazu kleben Sie ein kleines Stückchen Stoff so in die Nuss, dass nur noch die Perle sichtbar ist. Mit wasserfesten Stiften können Sie nun noch zwei Punkte als Augen und einen Strich für den Mund aufmalen.

Birnen-Quarkauflauf für vier Kinder

Kerzen:

Drücken Sie kurze Kerzendochtreste in die Nussschalen. Erhitzen Sie Kerzenreste und gießen sie das Wachs dann in die Nuss hinein – vorsichtig, Wachs kann sehr heiß werden. Jetzt müssen die Kerzen nur noch abkühlen. Die fertigen Kerzen schwimmen auf Wasser. Besonders praktisch ist, dass die Schalen selbst nicht brennen, sondern nur ganz leicht anfangen zu glimmen und sie gehen dann sofort wieder aus.

Süßes aus dem Ofen

Armenisches Gebäck aus der Pfanne, zwei Portionen

Zutaten: 2 Eier
           1 Tasse Natur-Joghurt
           1 Tasse Mehl
           1 Teelöffel Backpulver
           viel Öl (zum Beispiel Sonnenblumenöl)
           Puderzucker

Materialien: Schüssel, Schneebesen, Bratpfanne,
               Pfannenwender, Küchenpapier

Armenisches Gebäck aus der Pfanne, zwei Portionen

Zubereitung:

Eier mit Joghurt verrühren. Mehl und Backpulver mischen und langsam zu der Masse geben. Es entsteht ein dickflüssiger Teig.

Öl in der Bratpfanne erhitzen und den Teig in kleinen Portionen in die Pfanne geben. Kurz frittieren lassen und dann sofort auf Küchenpapier abtropfen lassen.

Mit Puderzucker bestreut, warm servieren.

❗ Besonders beachten:

Der Umgang mit heißem Fett ist nicht ungefährlich. Verbrennungen mit Fett sind viel schmerzhafter als Verbrennungen mit heißem Wasser, da der Siedepunkt, also der Punkt an dem der Stoff von einem flüssigen in einen Gasförmigen Zustand übergeht, bei Fett viel höher ist, als bei Wasser. Darum achten Sie darauf, dass niemand in die Pfanne fassen kann oder unglücklich abrutscht und dann hineinfasst. Diese Verbrennungen können sehr wehtun. Auch von Spritzern können kleine Verbrennungen entstehen. Stellen Sie die Pfanne

Süßes aus dem Ofen

so auf den Herd, dass niemand sie im Vorbeilaufen hinunterreißen kann. Das bedeutet, der Stiel der Pfanne zeigt auf den Herd und ragt nicht über diesen hinaus.

Besonderer TIPP:

Diese Joghurtteilchen schmecken warm und frisch am Besten. Decken Sie die fertigen ab, während Sie den Rest zubereiten. Wenn Sie den Puderzucker vor dem Warmhalten darauf streuen, dann ist er nicht mehr sichtbar, da er bei den Temperaturen schmilzt. Streuen Sie den Puderzucker daher erst am Tisch drüber, denn sonst werden sich einzelne Kinder vielleicht beschweren, weil gerade ihr Teil keinen Puderzucker abbekommen haben soll.

Variationen:

Mit Puderzucker bekommen Sie die süße Variante. Auch Honig oder Marmelade wären als Zutaten denkbar. Sie können das Gebäck aber auch zu einem Kräuterquark essen oder Kräuterbutter dazu reichen.

Regionale und ausländische Spezialitäten:

Probieren Sie mit den Kindern neue Rezepte aus. Stöbern Sie in alten Rezepten

und fragen Sie nach. Regional gibt es in Deutschland riesige Unterschiede von der fischreichen Küche an Nord- und Ostsee bis hin zur gehaltvollen bayerischen Küche. Dazwischen gibt es noch zahlreiche andere Rezepte. Es lohnt sich zu stöbern und zu erkunden, was früher zubereitet wurde. Neben vielen extrem aufwändigen Gerichten gibt es sehr viele einfache und schnell zuzubereitende, denn Zeit fehlte (den Frauen), neben der vielen anderen Arbeit immer schon. Gehen Sie jedoch noch weiter über die Grenzen hinaus und suchen Sie in Nachbarländern und in Urlaubsländern nach einfachen Spezialitäten.

Armenisches Gebäck aus der Pfanne, zwei Portionen

Es gibt zahlreiche Geschäfte, in denen Sie Spezialitäten aus anderen Ländern kaufen können. Und nicht nur Spezialitäten sondern auch ganz alltägliche Dinge, die für uns fremd erscheinen. Wagen Sie sich ruhig einmal in einen ausländischen Laden hinein und fragen Sie, wenn Sie Zutaten oder Rezepte nicht kennen. Man wird Ihnen dort sicher gern behilflich sein.

Mengenangaben:

Viele Rezepte, die ältere Gerichte beschreiben und Rezepte, die aus dem südlichen und östlichen Raum kommen, haben keine Mengenangaben in Gramm sondern hier wird mit Tassen gearbeitet. Obwohl Tassen unterschiedlich groß sein können, gelingen die Rezepte. Ein bisschen mehr oder ein bisschen weniger macht in den meisten Fällen nichts. Eier sind auch nicht immer gleich groß und trotzdem passt es immer. Wie bei diesem Rezept kommt es einfach nur darauf an, dass die Mengen im Verhältnis zueinander passen. Erklären Sie Ihrem Kind, dass natürlich keine kleine Espressotasse oder eine extrem große Tasse gemeint ist, sondern eine ganz einfache Kaffeetasse.

Puderzucker:

Puderzucker hat in einigen Teilen des deutschen Sprachraums auch den Namen Staubzucker. In älteren Rezepten finden Sie eventuell noch die Angabe Farinade oder Farinzucker. Es handelt sich dabei um ganz fein gemahlenen Zucker. Dem Puderzucker wird Maisstärke hinzugegeben, da er sonst sofort die Feuchtigkeit aus der Luft aufnehmen würde. Das ist der Grund warum dieser Zucker Klümpchen bildet, wenn er mit einer Flüssigkeit gelöst wird. Diese Klümpchen lassen sich erst durch gründliches Rühren auflösen.

Süßes aus dem Ofen

Heidelbeerkuchen

Zutaten:
5 Eier
1 unbehandelte Zitrone
130 g flüssiger Honig
125 g Mehl (ca. 50 g Weizenvollkornmehl und 75 g Buchweizenmehl)
300 g Heidelbeeren
12 Blatt Gelatine
600 g Schlagsahne (ca. 3 Becher)
Mandelblättchen als Deko

Materialien: Schüsseln, Reibe, Zitronenpresse, Mixer, Löffel, Springform, Backpapier, Topf

Heidelbeerkuchen

Zubereitung:

Den Backofen auf 200° C vorheizen.

Eier trennen. Zitrone auspressen und die Schale abreiben. Eigelbe, zehn Gramm Honig, zwei Esslöffel Zitronensaft und etwas Schale der Zitrone zusammen mit zwei Esslöffeln Wasser dick aufschlagen. Eiweiß steif schlagen und zusammen mit dem Mehl unterheben.

Backpapier in die Springform einspannen. Teig gleichmäßig in die Form füllen.

Süßes aus dem Ofen

Zehn Minuten auf mittlerer Schiene backen. Danach auf ein Kuchengitter stürzen, das Backpapier abziehen und den Kuchen auskühlen lassen.

Die Heidelbeeren in einen Topf geben. Dazu kommen der restliche Honig und zwei Esslöffel Zitronensaft. Das ganze bei leichter Hitze erwärmen. Die Gelatineblätter fünf Minuten in kaltes Wasser legen, danach ausdrücken und zu den Heidelbeeren geben.

Den Kuchen mit einem Faden in der Mitte teilen. Tortenrand oder Rand der Springform um einen Teil des Bodens legen. Die zweite Hälfte können Sie einfrieren und für einen späteren Kuchen verwenden. Sahne steif schlagen und auf den Boden geben. Die abgekühlten Heidelbeeren auf die Sahne geben. Zwei Stunden kalt stellen, Tortenrand entfernen und mit den Mandelblättchen dekorieren.

! **Besonders beachten:**

Mit Hilfe eines Fadens kann man einen Kuchen sehr leicht trennen. Dazu wird der Faden um den Kuchen geschlungen. Die beiden Enden über Kreuz gelegt und zusammengezogen. Dabei ist es wichtig, nicht ruckartig zu ziehen, sondern vorsichtig und gleichmäßig, damit es kein Loch im Kuchen gibt. Sollte es trotzdem Löcher geben, dann nehmen Sie die heile Platte als Boden und die kaputte als Oberplatte, da ist das nicht so schlimm.

Besonderer TIPP:

Wenn es keine frischen Heidelbeeren zu kaufen gibt, dann können Sie auch eingefrorene nehmen. Bitte keine Beeren aus dem Glas, denn die sind in der Regel gezuckert und wären daher zu süß.

Die Heidelbeeren können Sie noch im gefrorenen Zustand in den Topf geben. Sie müssen Sie dann nur ein wenig länger kochen lassen, bevor die Gelatine zugefügt wird.

Variationen:

Dieser Kuchen lässt sich mit verschiedenen Früchten herstellen. Wenn Sie Preiselbeeren verwenden, dann lassen Sie den zusätzlichen Honig weg.

Wenn Sie Schokoladenkekse oder Vollkornkekse zerkrümeln und die Brösel dann unter die Sahne rühren, dann erhalten Sie einen ganz anderen Geschmack!

Gelatine:

Gelatine ist ein geschmacksneutrales Produkt, das aus dem Bindegewebe von Tieren hergestellt wird. Es hat die Eigenschaft im kalten Zustand eine feste gallertartige Masse zu bilden. Durch das Erhitzen wird es flüssig und kann so Süßspeisen oder Kuchen zugegeben werden. Gelatine wird bei Halbfettprodukten und Süßigkeiten verwendet.

Die verwendeten Tiere sind hauptsächlich Schweine, doch auch Rinder, wenig Geflügel und vereinzelt Fische.

Eine vegetarische Variante ist Agar-Agar, ein pflanzliches Geliermittel. Es wird aus Seealgen hergestellt und vor allem in der asiatischen Küche verwendet. Auf den meisten Packungen ist angegeben wie viel Blatt Gelatine wie viel Gramm Agar-Agar entsprechen. Halten Sie sich an die Mengenangaben um das gleiche Verhältnis zu bekommen.

Süßes aus dem Ofen

Schlagsahne:

Sahne ist der fettreiche Teil der Milch, der sich ansammelt, wenn die Milch länger steht. Gegenüber der Milch enthält sie weniger Milcheiweiß dafür aber mehr Fett und im Fett gelöste Vitamine. Sie ist das Ausgangsprodukt für die Butter- und Käseherstellung. Sie wird aber auch so wie sie ist oder gesäuert in der Küche verwendet.

Der Begriff süße Sahne, der häufig anstelle von Schlagsahne verwendet wird, ist eigentlich falsch. Das suggeriert, dass die Sahne zusätzlich gesüßt worden ist. Das ist sie nicht, sondern der Begriff dient nur zur Abgrenzung zur sauren Sahne.

Schlagsahne hat einen Fettgehalt um 30%.

Beim Schlagen von Sahne wird Luft in die Sahne hineingeschlagen. Die Fettmoleküle der der Sahne bilden eine Oberfläche, an der die Luft haften bleibt. Wenn die Sahne die gewünschte feste Konsistenz erreicht hat, müssen Sie mit dem Schlagen aufhören, denn sonst bildet sich nach einiger Zeit ein fester Klumpen. Übrigens: Gut gekühlte Sahne lässt sich leichter und schneller schlagen als ungekühlte.

Tisch decken:

Decken Sie mit den Kindern eine schöne Kaffeetafel oder besser Kakaotafel. Jedes Kind erhält einen Teller, eine Gabel, eine Tasse, einen Löffel und eine Serviette. Achten Sie darauf, dass Die Kinder auch richtig essen, also mundgerechte Stücke von ihrem Kuchenstück mit der Gabel abtrennen und dann essen.

Serviette falten:

Es gibt unzählige Möglichkeiten Servietten zu falten.

Hier ist eine ganz schnelle, die auch für Kinder geeignet ist. Dabei entsteht eine Libelle.

Öffnen Sie die Serviette und legen sie zu einem Dreieck zusammen.

Fangen Sie an der längeren Seite an und falten Sie die Serviette wie ein Ziehharmonika, immer einen Streifen nach vorne und dann einen nach hinten, zur gegenüberliegenden Spitze hin zusammen.

In der Mitte knicken und in einen Becher oder ein Glas stecken.
Wenn Sie die Libellen auf den Teller legen möchten, dann können Sie um das untere Ende ein Gummiband legen, das die beiden Flügel zusammenhält.

Obst-Schüttelkuchen

Zutaten:

Für den Belag: 500 g Obst (Äpfel, Aprikosen, Pfirsiche)

Trockene Zutaten:

380 g Mehl

280 g Zucker

200 g gemahlene Nüsse

1 EL Vanillezucker

1 Päckchen Backpulver

Flüssige Zutaten:

4 Eier

250 g Butter

90 ml Fruchtsaft (Orangensaft, Apfelsaft)

1 Spritzer Zitronensaft

Puderzucker

Materialien:

Messer

Schneidbrettchen

Schüssel mit gut schließendem Deckel

Topf

Löffel

Backblech

Backpapier

Obst-Schüttelkuchen

Zubereitung:

Obst waschen, entkernen und in Spalten schneiden.

Trockene Zutaten in die Schüssel geben, verschließen und gut durchschütteln.

Butter im Topf zerlaufen lassen und mit den übrigen flüssigen Zutaten in die Schüssel geben, kurz umrühren und wieder schütteln.

Teig noch einmal umrühren und auf einem Backblech verteilen.

Obstspalten auf dem Kuchen verteilen.

Süßes aus dem Ofen

Backzeit: 30 – 40 Minuten im vorgeheizten Backofen.

Temperatur: 180° C bei Ober-/Unterhitze oder 160° C mit Umluft.

Nach dem Backen mit Puderzucker bestäuben.

! Besonders beachten:

Aprikosen- und Pfirsichschalen können sehr hart sein. Ganz leicht können Sie die Schale entfernen, wenn Sie das Obst mit heißem Wasser übergießen und die Schale anschließen mit einem Messer abziehen. Bitte vor dem Entkernen mit dem heißen Wasser übergießen, denn sonst werden Vitamine weggespült.

Besonderer TIPP:

Wenn beim Obstschneiden Saft heruntertropft, fangen Sie diesen auf. Sie können dann den Obstsaft um diese Menge reduzieren.

Variationen:

Dieser Obstkuchen schmeckt auch mit Pflaumen, Kirschen oder Blaubeeren sehr gut. Sie können also genau das Obst nehmen, das Ihre Kinder am liebsten mögen.

Fruchtsaft - Konzentrat - Direktsaft?

Wer gerne trinken möchte, was dem frischgepressten Saft am nächsten kommt, der sollte Direktsaft kaufen. Der Fruchtgehalt beträgt 100% und der Saft ist so, wie er ausgepresst wurde. Fruchtsaft hat zwar auch einen 100% Fruchtanteil, allerdings wird hier ein wenig gemogelt. Dem Saft wird der Wasseranteil entzogen und später nach dem Transport wieder zugefügt. Beim Fruchtnektar oder dem Fruchtsaftgetränk werden weitere Stoffe wie zum Beispiel Zucker oder Honig zugesetzt. So ist der Saft weiterhin süß, auch wenn er wesentlich mehr Wasseranteile hat als 100% Fruchtsaft. Dem Fruchtsaftgetränk dürfen weiterhin Aromastoffe zur Geschmacksabrundung zugesetzt werden.

Deutsche Markenbutter:

Dieses Gütesiegel bedeutet nicht nur, dass die Butter in Deutschlang hergestellt wurde, sondern, dass die Butter den höchsten Qualitätsanforderungen entspricht. Bei einer Butterprüfung, die monatlich wiederholt wird, muss diese Butter in verschiedenen Kategorien vier von fünf möglichen Punkten erhalten, denn sonst wird das Siegel nicht erteilt.

Kleine Portion:

Aus so einem Blech können ziemlich viele Stück geschnitten werden. Wer keinen Besuch erwartet und keine große Familie zu versorgen hat, kann auch in einer runden Springform die halbe Portion anrühren. Die Zutaten müssen dann auf die Hälfte reduziert werden.

Süßes aus dem Ofen

Stücke schneiden:

Kuchen lässt sich mit einem langen Messer gut schneiden. Noch besser wird das Ergebnis, wenn Sie das Messen nach jedem Schnitt in heißes Wasser tauchen. Kurz am Rand abstreifen, damit kein Wasser in den Kuchen zieht und gerade in einem Zug schneiden. Legen Sie dazu am besten ein gerades Brett als Schneidehilfe auf den Kuchen.

Obstsorten:

Während sich bei diesem Rezept unterschiedliche Obstsorten anbieten, sind bei anderen nur Kernobst oder Steinobst gewünscht. Als **Kernobst** werden Obstsorten bezeichnet, die mehrere Kerne haben, wie zum Beispiel Äpfel oder Birnen. **Steinobst** hat einen harten Kern, zum Beispiel Pflaumen oder Kirschen. **Beerenobst** bezeichnet in verschiedenen Untergruppen alle Beeren wie Himbeeren und Erdbeeren. Als **Schalenobst** werden die Früchte bezeichnet, die eine ungenießbare Schale haben, wie Nüsse und Mandeln. Ananas und Bananen bilden mit anderen zusammen die **Südfrüchte**.

Der Schüttel-Rap

Mit Rhythmus macht das Schütteln des Teigs viel mehr Spaß! Rap ist ein Sprechgesang und wird rhythmisch gesprochen, dazu können die Kinder mit den Händen und Armen die Schüttelbewegungen nachmachen.

Hey, hallo, dies wird ein Schüttelkuchen,
lass uns das mit dem Schütteln versuchen!

>Und oben schüttel schüttel.
>Schüttel schüttel schüttel.
>Und unten schüttel schüttel.
>Schüttel schüttel schüttel.
>Und rechts schüttel schüttel.
>Schüttel schüttel schüttel.
>Und links schüttel schüttel.
>Schüttel schüttel schüttel.

Das Schütteln, das macht so viel Spaß,
drum geben wir noch einmal Gas!

>Und oben schüttel schüttel.
>Schüttel schüttel schüttel.
>Und unten schüttel schüttel.
>Schüttel schüttel schüttel.
>Und rechts schüttel schüttel.
>Schüttel schüttel schüttel.
>Und links schüttel schüttel.
>Schüttel schüttel schüttel.

Schüttel noch mal eins und zwei
und dann, dann ist es auch schon vorbei.

Süßes aus dem Ofen

Vollkorn-Kokos-Pfannkuchen

Zutaten:
50 g Kokosraspel
1 Esslöffel Butter
2 Eier
1 Päckchen Vanillezucker
1 Prise Salz
150 ml Buttermilch
125 g Volkornmehl
100 g Quark
3 Esslöffel Mineralwasser
Butterschmalz zum Anbraten

Materialien:
Bratpfanne
Schüssel
Handrührgerät
Pfannenwender

Vollkorn-Kokos-Pfannkuchen

Zubereitung:

Kokosraspel mit Butter in der Pfanne goldbraun anbraten. Vom Herd nehmen.

Eier und Zucker in die Schüssel geben und mit dem Handmixgerät schlagen bis die Masse weiß wird.

Mehl, Salz und Buttermilch dazugeben und weiterrühren.

Quark und Kokosraspel mit einem Löffel unterrühren.

Zum Schluss noch Mineralwasser hinzugeben und vorsichtig umrühren.

Schmalz in die Pfanne geben und erwärmen. Für einen Pfannkuchen zwei Esslöffel Teig nehmen. Eventuell weiteres Fett hinzufügen.

❗ Besonders beachten:

Der richtige Zeitpunkt zum Wenden der Pfannkuchen ist eigentlich ganz leicht zu bestimmen. Die Oberfläche der Pfannkuchen wird allmählich fest. Von dem Moment an, wenn sie geschlossen ist, warten Sie noch kurz (bis 30 zählen) und dann drehen Sie den Pfannkuchen um.

Süßes aus dem Ofen

Besonderer TIPP:

Das Fett sollten Sie kurz richtig heiß machen, die Temperatur also auf höchste Stufe stellen. Wenn es fast vollständig geschmolzen ist, reicht die mittlere Hitze aus. Beobachten Sie das Fett. Wenn es bläulich wird oder gar schwarz, dann ist es zu heiß geworden und Sie sollten es entsorgen.

Variationen:

Pfannkuchen können Sie mit Puderzucker servieren, mit Marmelade, mit Eis oder auch mit frischen Früchten. Sie können ihn auch amerikanisch mit Ahornsirup anbieten.

Pfannkuchen/Pancakes/Crêpes:

In jeder Kultur haben sie andere Namen und unterscheiden sich auch ein wenig. Die Pancakes sind ein wenig dicker als unsere Pfannkuchen, außerdem haben sie kleine Luftblasen, die durch die Hinzugabe von Backpulver entstehen. Pancakes werden vor allem in Nordamerika hergestellt. Die Franzosen bereiten die dünneren Crêpes zu, die mit mehr Flüssigkeit, zum Beispiel Sahne oder Milch, angerührt werden. Aber auch Palatschinken und Kaiserschmarren sind Eierkuchen. Der Palatschinken aus der alten Monarchie Österreich-Ungarn wird sehr dünn ausgebraten und mit Süßem serviert. Auch der in Österreich und Bayern beliebte Kaiserschmarrn wird süß serviert, er ist jedoch ein wenig fester und dicker und wird vor dem Servieren zerteilt und mit Apfelmus und Puderzucker versehen.

Kokosnuss:

Kokosnüsse reifen in tropischen und subtropischen Bereichen dieser Erde, in Afrika, Asien und Amerika. Kokosnüsse sind keine wirklichen Nüsse, sondern eine einsamige Steinfrucht. Eine grüne faserige Schale umzieht den holzartigen Kern. Um Transportkosten zu sparen, wird diese Schale

vor dem Transport entfernt. Unter einer holzartigen, ebenfalls recht faserigen Schicht befindet sich das weiße essbare Fruchtfleisch. Es kann zu bis zu 50% aus Wasser bestehen. Um Kokosraspel, wie sie hier benötigt werden herzustellen, wird diese Schicht getrocknet und dann fein geraspelt. Sie enthält dann nur noch 5% Wasser aber 68% Fett.

Mineralwasser:

Mineralwasser lockert den Teig ein wenig auf. Mineralwasser oder Tafelwasser unterliegt in Deutschland der Trinkwasserverordnung. Dieses Wasser wird jedoch anders als Leitungswasser nicht bei der Entnahme geprüft, sondern bei der Abfüllung. Andere, allerdings nicht zertifizierte, Namen für dieses Wasser lauten „Saurer Sprudel" oder „Selterswasser". Letzterer darf heute offiziell nur noch für das Produkt der Firma Selters genutzt werden.

Ahornsirup:

Aus Nordamerika stammt der sehr süße Sirup. Es ist ein natürliches Süßungsmittel und enthält neben Wasser hauptsächlich Saccharose und kleine Teile Glucose und Fruktose. Gut zu wissen für Allergiker: Ahornsirup ist cholesterin-, gluten-, histamin- und milcheiweißfrei. Ahornsirup wird zunächst als Saft gewonnen. Für einen Liter Sirup benötigt man 30-50 Liter Saft des Baumes. Dieser kann innerhalb von bis zu vier Wochen vom Baum produziert werden. Genutzt werden können dazu nur Ahorn-Bäume nachdem sie älter als 40 Jahre sind.

Früchte:

Zu diesen Pfannkuchen schmeckt auch Obst. Das können frische Früchte sein, wie zum Beispiel Kiwis, Erdbeeren, Kirschen oder andere. Sie können auch selbstgemachte Marmelade verwenden oder Früchte zu einem Kompott aufkochen.

Süßes aus dem Ofen

Das Märchen vom dicken fetten Pfannkuchen:

Es war einmal ein Pfannkuchen, der war dem Koch aus der Pfanne gesprungen und machte sich nun auf den Weg, die Welt zu erkunden.

Als erstes kam er beim Hofhund vorbei. „Bleib stehen! Ich will dich verspeisen!", rief dieser ihm zu. Doch der Pfannkuchen lachte nur laut und sagte: „Ich bin dem Koch davon gelaufen, da werde ich mich doch nicht von dir fressen lassen." Damit verschwand der Pfannkuchen und der Hund hatte das Nachsehen.

Dann kam er bei einem Angler vorbei. „Bleib stehen! Ich will dich verspeisen!", rief dieser ihm zu, Doch der Pfannkuchen lachte nur laut und sagte: „Ich bin dem Koch und den Hund davon gelaufen, da werde ich mich doch nicht von dir essen lassen." Damit verschwand der Pfannkuchen und der Angler hatte das Nachsehen.

Plötzlich kreuzte ein Pferdewagen den Weg des Pfannkuchens. „Bleib stehen! Ich will dich verspeisen!", rief der Kutscher ihm zu, Doch der Pfannkuchen lachte nur laut und sagte: „Ich bin dem Koch, dem Hund und dem Angler davon gelaufen, da werde ich mich doch nicht von dir essen lassen." Damit verschwand der Pfannkuchen und der Angler hatte das Nachsehen.

Ein kleines Mädchen lief dem Pfannkuchen entgegen. „Oh lieber Pfannkuchen!", sagte das Mädchen. „Bleib doch bitte stehen. Ich habe so einen Hunger." Der Pfannkuchen sah sich das kleine Mädchen an und sagte: „ich bin dem Koch, dem Hund, dem Angler und dem Kutscher davon gelaufen. Aber wenn du so einen Hunger hast, dann komme ich mit dir mit!" Dann sprang es in den Korb des Mädchens, das den Pfannkuchen glücklich mit nach Haus nahm.

Bilderverzeichnis:

© by

S. 3 thierry vialard/iStock/Thinkstock, S. 5ff (Seitenkopf) Birgit Reitz-Hofmann/Fotolia.com, S. 5 Zametalov/iStock/Thinkstock, S. 6 viperagp/Fotolia.com, Paulista/Fotolia.com, S. 7 baibaz/Fotolia.com, S. 8 Photophonie/Fotolia.com, S. 11 EvThomas/iStock/Thinkstock, S. 12f Körner Medien UG, S. 14f Contrastwerkstatt/Fotolia.com, S. 16 Kitty/Fotolia.com, S. 19 Mayer Kleinostheim/iStock/Thinkstock, foxman2000/iStock/Thinkstock, Downunderphoto/Thinkstock.com, S. 20 PhotoEd/Fotolia.com, Nakita/Fotolia.com, andersphoto/Fotolia.com, anna1311/iStock/Thinkstock, S. 21 gemenacom/Fotolia.com, Downunderphoto/Fotolia.com, rimglow/iStock/Thinkstock, Serghei Velusceac/Fotolia.com, kornienko/Fotolia.com, Korovin/iStock/Thinkstock, fotomatrix/Fotolia.com, Maria Bobrova/Fotolia.com, Nakita/Fotolia.com, Buriy/Fotolia.com, S. 22 bhofack2/iStock/Thinkstock, S. 24 Sintez/iStock/Thinkstock, S. 26 Ingram Publishing/Thinkstock, S. 28 NCAImages/iStock/Thinkstock, S. 30 MariaBobrova/Fotolia.com, S. 31 SpecialDinner_iStock, Diana Taliun/iStock/Thinkstock, S. 32 kornienko/Fotolia.com, Sirikornet/iStock/Thinkstock, S. 33 Bart_Kowski/iStock/Thinkstock, S. 35 Ingram Publishing/Thinkstock, S. 36 Körner Medien UG, S. 38 VVZann/iStock/Thinkstock, anna1311/iStock/Thinkstock, womue/Fotolia.com, gemenacom/iStock/Thinkstock, S. 39 Wavebreakemedia Ltd/Wavebreak Media/Thinkstock, S. 41 Wavebreakemedia Ltd/Wavebreak Media/Thinkstock, S. 43 Hallgerd/iStock/Thinkstock, S. 44 Ildi/Fotolia.com, S. 47 DoroO/iStock, S. 48 Ale-ks/iStock/Thinkstock, S. 49 Buriy/Fotolia.com, S. 51 Geo-grafika/iStock, S. 52 Anja Lusch, S. 55 Ozphotoguy/iStock/Thinkstock, S. 56 Kotina/Fotolia.com, S. 57 Vetas/iStock/Thinkstock, LanaDjuric/iStock/Thinkstock, S. 58 Anja Lusch, S. 59 Gina Sanders/Fotolia.com, S. 60 Geargodz/iStock/Thinkstock, S. 61 rakratchada/iStock/Thinkstock, adrian825_iStock/Thinkstock, Andreas Berheide/Fotolia.com, tycoon751/iStock/Thinkstock, S. 62 Scvos/iStock/Thinkstock, S. 63 naumoid/iStock/Thinkstock, S. 64 Viktor/Fotolia.com, S. 66 aruba200/iStock/Thinkstock, S. 67 belchonock/iStock/Thinkstock, S. 67 vikif/iStock/Thinkstock, S. 68 224_iStock/Thinkstock, S. 69 Steven Heap/iStock/Thinkstock, S. 70 Anja Lusch, S. 72 valery121283/Fotolia.com, STILLFX/iStock/Thinkstock, S. 73 tashka2000/Fotolia.com, S. 74 Anja Lusch, S. 76 valery121283/Fotolia.com, S. 77 Liane Nothaft/Hemera/Thinkstock, S. 78 Blankstock/iStock/Thinkstock, S 79 cordimages/iStock/Thinkstock, S. 80 Swetlana Wall/Fotolia.com, S. 82 kornienko/Fotolia.com, S. 83 valery121283/Fotolia.com, Elena Schweitzer/iStock/Thinkstock, S. 84 Zoonar RF/Zoonar/Thinkstock, S. 85 dulsita/Fotolia.com, Handmade Pictures/iStock/Thinkstock, S. 86 Anja Lusch, S. 88 Radu Sebastian/iStock/Thinkstock, Daorson/Fotolia.com, S. 89 Printemps/Fotolia.com, moodboard/moodboard/Thinkstock, S. 90 alain wacquier/Fotolia.com, S. 92f 3sbworld/iStock/Thinkstock, S. 94 Printemps/Fotolia.com, S. 97 Elena Schweitzer/iStock/Thinkstock, ivantsov/Fotolia.com, S. 98 rimglow/iStock/Thinkstock, S. 99 Martin Poole/Digital Vision/Thinkstock, S. 100 Anja Lusch, S. 102 Design Pics/Thinkstock, S. 105 WoGi/Fotolia.com, S. 106 Printemps/

Fotolia.com, S. 108 tiler 84/iStock/Thinkstock, stockphoto-graf/Fotolia.com, iSailorr/iStock/Thinkstock, S. 111 Amplionus/iStock/Thinkstock, studiogstock/iStock/Thinkstock, S. 112 Anja Lusch, S. 114 akifcelikel-stok/iStock/Thinkstock, S. 115 Top Photo Corporation/Top Photo Group/Thinkstock, bit245/iStock/Thinkstock, S. 116 Ally/Fotolia.com, S. 118 Dionisvera/Fotolia.com, silberkorn73/Fotolia.com, S. 120 M.studio/Fotolia.com, S. 122 iSailorr/iStock/Thinkstock, S. 123 Natika/Fotolia.com, kashanowa/Fotolia.com, S. 124 margo555/Fotolia.com, pioneer111/iStock/Thinkstock, S. 125 ehaurylik/iStock/Thinkstock, S. 126 Hetizia/Fotolia.com, S. 128 donatas1205/iStock/Thinkstock, Atide/iStock/Thinkstock, S. 129 boule 13/iStock/Thinkstock, S. 130 Natika/Fotolia.com, S. 131 Jenny Sturm/Fotolia.com, S. 132 Anja Lusch, S. 134 PhotoSG/Fotolia.com, S. 135 Zsolt Biczó/Fotolia.com, S. 136 Werner Fellner/Fotolia.com, S. 137 Neobrain/Fotolia.com, sunstock/iStock/Thinkstock, S. 138 JessieEldora/iStock/Thinkstock, S. 140 Nakita/Fotolia.com, Malyshchyts Viktar/Fotolia.com, S. 141 Jag_cz/iStock/Thinkstock, Marina, S. 142 Lohrbach/Fotolia.com, S. 143 StockPhotoAstur/iStock/Thinkstock, Guido Grochowski/Fotolia.com, S. 144 picalotta/iStock/Thinkstock, S. 146 Elena Schweitzer/iStock/Thinkstock, S. 148 Körner Medien UG, S. 149 Ivana Tikvicki/iStock/Thinkstock, Akhilesh/iStock/Thinkstock, yod67/iStock/Thinkstock, S. 150f Ilike/Fotolia.com, S. 152 Körner Medien UG, S. 154 Jacek Chabraszewski/Fotolia.com, Viktor Lugovskoy/Fotolia.com, S. 155 Scisetti Alfio/Fotolia.com, stockphoto-graf/Fotolia.com, S. 156 karandaev/Fotolia.com, S. 158 Azurita/iStock/Thinkstock, S. 160 Lucky Dragon/Fotolia.com, S. 161 kornienko/Fotolia.com, S. 162 womue/Fotolia.com, S. 163 frogstyle/Fotolia.com, S. 164 Marina Lohrbach/iStock/Thinkstock, S. 167 Prill Mediendesign & Fotografie/iStock/Thinkstock, S. 168 dutourdumonde/iStock/Thinkstock, S. 169 Daniel Hurst/iStock/iStock/Thinkstock, S. 170 Körner Medien UG, S. 172 Elena Schweitzer/iStock/Thinkstock, S. 173 Josef Muellek/iStock/Thinkstock, S. 174 coco/Fotolia.com, S. 175 eyetronic/Fotolia.com, S. 176 JM Fotografie/Fotolia.com, S. 179 LUHUANFENG/iStock/Thinkstock, S. 180 Körner Medien UG, S. 182 andersphoto/Fotolia.com, vinicef/iStock/Thinkstock, S. 183 Jiri Hera/Fotolia.com, Fotolia_photocrew, S. 184 AntonioGuillem/iStock/Thinkstock, vetas/iStock/Thinkstock, S. 185 Nastco/iStock/Thinkstock, S. 186 TwilightArtPictures/Fotolia.com, S. 188 marguillatphotos/iStock/Thinkstock, S. 189 DLeonis/iStock/Thinkstock, S. 190 kjekol/iStock/Thinkstock, S. 191 ecobo/iStock/Thinkstock, S. 192 Anja Lusch, S. 194 PhotoEd/Fotolia.com, S. 196 Comstock Images/Stockbyte/Thinkstock, S. 197 Howard Shooter/Thinkstock, S. 198 Anja Lusch, S. 200 anna1311/iStock/Thinkstock, alenkadr/iStock/Thinkstock, S. 201 Elena Schweitzer/iStock/Thinkstock, Quade/Fotolia.com, S. 202 artlensfoto/iStock/Thinkstock, S. 203 Wavebreakmedia Limited/Wavebreak Media/Thinkstock, S. 204 lebkuchen53/Fotolia.com, S. 206 Liane Nothaft/Hemera/Thinkstock, victoria p/Fotolia.com, S. 207 ppart/iStock/Thinkstock, S. 208 Körner Medien UG, S. 209 Voyagerix/iStock/Thinkstock, S. 210 hjschneider/Fotolia.com, S. 212 Thomas Northcut/iStock/Thinkstock, S. 213 vagabondo/Fotolia.com, xiquence/Fotolia.com, S. 214f Monkey Business/Fotolia.com, S. 216 ChristianJung/iStock/Thinkstock, S. 219 Dejan Ristovski/iStock/Thinkstock, S. 220 brentmelissa/iStock/Thinkstock, S. 223 siwaporn999/Fotolia.com,

S. 225 MKucova/iStock/Thinkstock, S. 226 Jörg Beuge/Fotolia.com, S. 228 Gina Sanders/Fotolia.com, S. 229 victoria p/Fotolia.com, S. 230 petrograd99/iStock/Thinkstock, S. 231 Kitty/Fotolia.com, S. 232 Brent Hofacker/Fotolia.com, S. 234 ppart/iStock/Thinkstock, MileA/iStock/Thinkstock, S. 235 valentinarr/iStock/Thinkstock, JenDen2005/iStock/Thinkstock, S. 236 Microstockfish/Fotolia.com, hiphoto39/Fotolia.com, S. 237 contrastwerkstatt/Fotolia.com, S. 238 Anja Lusch, S. 240 rdnzl/Fotolia.com, Helma Spona/Fotolia.com, S. 241 teressa/Fotolia.com, S. 242 Robert Emprechtinger/Fotolia.com, S. 243 Ingram Publishing/Thinkstock, S. 244 Quade/Fotolia.com, S. 246 A_Lein/Fotolia.com, S. 248 gitusik/iStock/Thinkstock, S. 249 Eising_Photodisc_Thinkstock, S. 250 Körner Medien UG, S. 253 Vichly44/iStock/Thinkstock, kenmind/Fotolia.com, Issaurinko/iStock/Thinkstock, S. 254 Sergej Toporkov/Fotolia.com, S. 255 Magdalena Kucova/Fotolia.com, S. 256 Anja Lusch, S. 258 123Artistimages/iStock/Thinkstock, S. 259 robynmac_iStock, S. 260 tschiponnique/Fotolia.com, S. 262 Liliya Drifan/Hemera/Thinkstock, S. 263 ilmoro100/iStock/Thinkstock, S. 265 Körner Medien UG, S. 266 Anja Lusch, S. 268 vladj55/iStock/Thinkstock, S. 269 seralex/Fotolia.com, Africa Studio/Fotolia.com, S. 270 filmfoto/iStock/Thinkstock, S. 272 Anja Lusch, S. 274 iSailorr/iStock/Thinkstock, S. 275 Saddako/iStock/Thinkstock

Verzeichnis über das Bildmaterial für die bebilderten Anleitungen, nach der Reihenfolge der jeweils ersten Verwendung:

© by

Wasserhahn: tiler 84/iStock/Thinkstock, Topf/Deckel: viperagp/Fotolia.com, Salz: ivantsov/Fotolia.com, Flamme: Teneresa/iStock/Thinkstock, Küchenmesser: vetas/iStock/Thinkstock, Möhre: rimglow/iStock/Thinkstock, Lauch: michaeljayberlin/Fotolia.com, verschiedene Kräuter: Elena Schweitzer/iStock/Thinkstock, Öl: Andrey Kuzmin/Fotolia.com, Popcorn-Mais: photocrew/Fotolia.com, Zucker: Kuzmik_A/iStock/Thinkstock, Salz: ivantsov/Fotolia.com, Schale mit Popcorn: Eren Dündar/iStock/Thinkstock, Kürbis: MariaBobrova/Fotolia.com, Kartoffeln:kornienko/Fotolia.com, Pfanne: Sirikornet/iStock/Thinkstock, Butter: Africa Studio/Fotolia.com, Flasche Sahne: Pavel Hlystov, verschiedene Gläser: MeePoohyaphoto/iStock/Thinkstock, Muskat: Diana Taliun/iStock/Thinkstock,

Pürierstab: Radu Sebastian/iStock/Thinkstock, offenes rohes Ei: jongjet303/iStock/Thinkstock, Besteckteile: karandaev/iStock/Thinkstock, Hackfleisch/Schüssel: Handmade Pictures/iStock/Thinkstock, Hackfleisch: NickNick_ko/iStock/Thinkstock, Pfannenwender: Coprid/iStock/Thinkstock, Tomate: anna1311/iStock/Thinkstock, Gurke: Top Photo Corporation/Top Photo Group/Thinkstock, Brötchen: rdnzl/Fotolia.com, Tomatensoße: ffolas/iStock/Thinkstock, Zwiebel: Nakita/Fotolia.com, Knoblauch: Buriy/Fotolia.com, Selleriestange: fotomatrix/Fotolia.com, Kochlöffel, Teigschaber: Ryan McVay/Photodisc/Thinkstock, Spaghetti: ultrapro/iStock/Thinkstock, Sieb: Александр Ковальчук/iStock/Thinkstock, Schale: Givaga/iStock/

Thinkstock, Speck: dulsita/Fotolia.com, Reis: kotina/Fotolia.com, Bandnudeln: Gina Sanders, Sojasoße: Feng Yu/Fotolia.com, Maiskolben m. Blattern: Serghei Velusceac, Maiskolben: Igor Kovalchuk, Holzlöffel mit verschiedenen Gewürzen: serezniy/iStock/Thinkstock, Alufolie. pioneer111/iStock/Thinkstock, Backblech: Howard Shooter/Thinkstock, Metallschüssel: amphaiwan/Fotolia.com, Schneebesen: ekostov/Fotolia.com, Yoghurt in Glaskännchen: belchonock/iStock/Thinkstock, Mehl/Backpulver: kjekol/iStock/Thinkstock, Milch: rdnzl/Fotolia.com, Zitronenpresse: Picsfive/iStock/Thinkstock, Reibe: maneang/iStock/Thinkstock, Auflaufform: Lucky Dragon/Fotolia.com, Käse: Zann/iStock/Thinkstock, Bratwurst: Quade/Fotolia.com, Kartoffelstampfer: Grzegorz Petrykowski/iStock/Thinkstock, Teller: emregologlu/iStock/Thinkstock, Zitrone: Blankstock/iStock/Thinkstock, Ei: nuwatphoto/iStock/Thinkstock, aufgeschnittenes Ei: Picsfive/iStock/Thinkstock, Salatblatt: Korovin/iStock/Thinkstock, Vollkornbrot: Lucky Dragon/Fotolia.com, Banane: bajinda/Fotolia.com Honig: levkr/iStock/Thinkstock, Radieschen: Nakita/Fotolia.com, Kunststofflöffel: Birgit Reitz-Hofmann, Geschirrtuch: Nina Rolenko/iStock/Thinkstock, Erdbeeren: Natika/Fotolia.com, Himbeeren: Natika/Fotolia.com, Johannisbeeren: margo555/Fotolia.com, Kirschen: Natika/Fotolia.com, Flasche: donatas1205/Fotolia.com, Kohlrabi: Downunderphoto/Fotolia.com, Apfelausstecher: Edu Oliveros/iStock/Thinkstock, verschiedene Nüsse und Kerne: Sergej Toporkov/Fotolia.com, Knoblauchpresse: Neobrain/Fotolia.com, Rosinen: siwaporn999/Fotolia.com, Essig: hsagencia/Fotolia.com, Mischbrot: Josef Muellek/iStock/Thinkstock, Knäckebrot: Barbara Pheby/Fotolia.com, Champignon: gemen acom/iStock/Thinkstock, Mixer-Rührstäbe: lantapix/iStock/Thinkstock, Teig: Watcha/iStock/Thinkstock, Pinsel: Hemera Technologies/PhotoObjects.net/Thinkstock, Nudelholz: Magone/iStock/Thinkstock, Blumenkohl: andersphoto/Fotolia.com, Broccoli: PhotoEd/Fotolia.com, Schneeflocke: Dorling Kindersley/Thinkstock, Backpapier: Microstockfish/Fotolia.com, Haselnüsse: ratmaner/iStock/Thinkstock, Lebkuchenherz: baibaz/Fotolia.com, Backform: Dave King/Thinkstock, Nougatcreme: Jiri Hera/Fotolia.com, Marmelade: MarcoBagnoliElflaco/Fotolia.com, Haferflocken: rdnzl/Fotolia.com, Schokoraspel: ExQuisine/Fotolia.com, Blockschokolade: fotobauer_11/Fotolia.com, Waffeleisen: Lucky Dragon, Birne: kenmind/Fotolia.com, Küchenrolle: fotobenn/Fotolia.com, Heidelbeeren: kashanowa/Fotolia.com, Biskuitboden: Petr Malyshev/iStock/Thinkstock, Kokosraspel: womue/Fotolia.com